通信教育で教員免許を取得し
営業マンから高校教師になったボクの話

高野　圭

仮説社

まえがき

　「先生の授業ってたのしいね！」「先生自身も，いつもたのしそうだね！」

　まだまだ教師になりたてのボクなのに，こんな嬉しい感想を毎年のように高校生たちからもらっています。なんとシアワセなことでしょうか（おいおい，のっけから自慢か〜い！）。この本は，そんなボクが公立高校の理科教師としてデビューした1〜3年目に書いた記録を中心にまとめたものです。

　けれども，ボクは自慢をするためにこの本を書いたわけではありません。特別な才能もなく，メンドくさがり屋のボクがこんな文章を書くようになった理由は，二つあります。

　まず第一に，それは目の前で活躍してくれる高校生たちの存在です。学校の主人公でもあり，嬉しい評価でボクを元気づけてくれる高校生たちの存在がなければ，こんな文章を書くことはなかったでしょう。そして，もう一つの理由は「こんな幸せな教師生活は，ボクだけでなく，実は誰にでも可能だ」ということを伝えるためです。

　もちろんボクだって，教師をしていて悩んだり落ち込んだりすることもあります。本文でも，そんな様子が垣間見えるかと思います。そういえば，ニュースでは「日本の教師は国際的に見てもダントツで忙しい」などの報道がされたり，初任者研修でも，同期の人たちから「校務分掌とか，学校の決まり事とか，やらなきゃいけないことに縛られて，やりたいことができない」などの話を聞きます。けれど,実はボク自身は〈教師という職業〉

で悩んだりすることよりも，たのしくやれちゃっている部分の方が大きいのです。〈たのしく仕事ができる〉ということ——これは，ボクにとって決定的に大事なのです。

　大学卒業後，ボクは民間企業で営業職を経験してから，教員免許取得のために通信教育課程の大学に再入学し，30歳になる年に教師デビューしました（詳しくは，番外編「そうだ，教師になろう！」をお読みください）。そんなボクですから，「ストレートで教師になった同世代より給料が安いし，遠回りして教師になったからこそ，その分仕事をたのしまなくちゃ」なんてことを思っているのです（笑）。給料も大事だけれど，それ以上に「やりがい」や「たのしさ」，それと営業職だったこともあるのか，「お客さん（生徒）が喜んでくれなきゃ」という視点を大事にしていたいわけです。

　なーんて，カッコいいことを言ってみたけれど，ボク自身も過去のことを思い出してどんよりしたり，明るい未来を考えられなくなる時もあります。「仕事忙しいなぁ」と思う時だってあります。でもそんな時は，人に相談したり，愚痴をこぼしたり，誰かのステキな実践を聞いたり，高校生たちの感想文に励まされたり…。困った時は，そうやって周りの人たちに助けてもらっています。この本を読んでくれたアナタとも，そんな仲間であれたらいいな…。そんなことを思っています。

*

　ところで，この本の中には〈仮説実験授業〉という言葉がたくさん登場します。この仮説実験授業というのは，1963年に板倉聖宣さん（科学史家・教育学者，1930〜2018）によって提唱さ

れた授業理論で，簡単に言うと，「科学上のもっとも基礎的・基本的な原理・法則・概念を，感動的に教えることを意図した授業」です。そうした授業を具体的に保証するのが〈授業書〉と呼ばれる印刷物で，そこには一連の〈問題〉や〈お話〉が配列されているだけでなく，授業の進め方も記されています（この本では，授業書名を《力と運動》などのように《　》という記号でくくってあります）。教師も生徒も，その授業書にそって授業をすすめればいいわけです。

　またボクは，二度目の大学生活で出会った明星大学教育学部の恩師・小原茂巳先生の実践や，その小原先生が所属している仮説実験授業研究会の授業プラン，そしてこの本の出版元である仮説社が刊行している雑誌『たのしい授業』で紹介されている実践報告の数々をたくさんマネしています。教師1〜3年目というまだまだ駆け出しのボクでも〈たのしい授業〉（＝生徒が〈たのしい〉と喜んでくれる授業）が実現できているのは，これら授業書をはじめとする仮説実験授業研究会の〈財産〉のおかげ…というワケです。「たのしくやってま〜す」だけだと，ただの〈自慢〉になってしまいますが，ボクが実践した内容に，自分自身のオリジナルはほとんどありません。「その気になれば誰にでもできる」というのが仮説実験授業やその授業プランなのです。

　一方，教育界では「教師自身が目の前の生徒に合わせ，オリジナルな教材をイチから苦労して作るものだ」という思想が根強くあるように感じられます。でも，この考え方に対して，ボクは疑問を感じざるを得ません。

　ボクが5年間働いていた「メーカーの営業職」なら，商品を

自分で作ることはないけれど，自社の商品に惚れ込んだり，「他社製品と比べてウチの製品はココがいい」なんて考えを持ちながら，目の前のお客さんの悩み・課題を解決する手段（商材）を提案していくのが仕事でした。自社の製品で解決できない時は他社の製品も仕入れて販売することも珍しくありません。「誰が作る」なんてことは考えないわけです。

　仕事の仕方に関しても，ボクのいた職場と学校現場とではずいぶん違います。新任の先生は，学校というものがよくわからないまま着任し，それから1〜2週間後にはお客さんを目の前に自分なりの授業を行わなければなりません。同僚の先生をマネしている暇も慣習もありません。一方，ボクが勤めていた企業では，1ヵ月社内研修を行ってから配属先の部署に異動し，さらに1ヵ月研修を行い，いろいろな先輩についてまわりながら，仕事の仕方を覚えていきます（いわゆる OJT = On-the-Job Training）。

　そんな経験があったからでしょうか。ボクは授業運営や教材に対して，「自らどうやって作り出すか」という発想ではなく，「何をマネするか」という発想で過ごしてきました。そして，そのことが新任1年目からたのしい教師生活を送れていることに直結していると思えるのです。

　だから，この本を手に取ってくれたアナタも，「この実践いいかも」というものが一つでもあったら，気軽にマネしてもらえれば，新しい世界が開けるんじゃないかな！（大袈裟かな… でも，半分は本気です。それにマネしてくれると，ボクもうれしいです）。

＊

最後に，この本では新任教師の変化をリアルに感じていただくため，原稿は基本的に書いた順に並んでいます。ですが，ほとんどのエピソードは独立した話です（一部のお話は過去に『たのしい授業』に掲載されたものを再編集して，改題したものです）。気になった部分から読んでもらえれば幸いです。

もくじ

はじめに …………………………………………………………… 1

1年目

最初の授業でイイ先入観を ……………………………… 12
◆ラブレターみたいな感想をもらってニンマリ♡

「先生が一番たのしそう！」だなんて ……………… 26
◆高校2年生と《もしも原子が見えたなら》

生徒に謝る？ 謝らない？ ……………………………… 36
◆教師が校則違反をしてしまったら…

〈たのしみごと〉モイイじゃない ……………………… 47
◆ものづくりから生まれるコミュニケーション

お別れのメッセージを手紙にして ……………………… 58
◆生徒の感想で振り返る新米教師の1年間

　　ボクの定番メニュー①
　　●私は誰でしょうゲーム ……………………………… 72

2年目

別れと出会いの新学期 …………………………………… 78
◆さびしいけれど，うれしいことも

相談できる人がいてよかった！ ………………………… 87
◆たくさんのヒトやモノに助けられてます

進路に悩んだボクだから ………………………………… 98
◆遠回りしたボクが高校生に伝えたいこと

授業して感謝されるシアワセ …………………………… 111
◆感想文に並んだ「ありがとう」の言葉

「何で先生は厳しくないの？」……………………………………… 118
　◆放送部のインタビューを受けて考えたこと

　　ボクの定番メニュー②
　　●困ったときの「動物シール」………………………………… 124

番外編

そうだ，教師になろう！①…………………………………………… 131
　◆高校時代から二度目の大学入学まで

そうだ，教師になろう！②…………………………………………… 138
　◆小原先生との出会いから教員採用試験合格まで

教科書授業，どうしてますか？…………………………………… 147
　◆少しでもマシな授業を目指してボクがやっていること

　　ボクの定番メニュー③
　　●おすすめ道具＆スポット……………………………………… 156

3年目

バスケ部の主顧問になっちゃった！……………………………… 160
◆涙から始まった１年半の主顧問生活

知識の丸暗記よりも大切なこと…………………………………… 169
◆日常の感覚や自分自身の経験も大事！

新しい世界が広がった！ ボクと生徒の色彩検定受験記①…185
　◆教師のボクだからできること

新しい世界が広がった！ ボクと生徒の色彩検定受験記②…195
　◆本当の〈学び〉がもたらしてくれたもの

ボクの定番メニュー④
　●小原式ラクラク採点法…………………………………………… 209

あとがき ……………………………………………………………… 214

本文に登場する授業書の紹介……………………………………… 219

装丁・挿画・扉デザイン・本文イラスト：いぐちちほ
授業書転載承認 No.180701　　Ⓒ 仮説実験授業研究会
（本書転載の授業書は，仮説実験授業研究会の転載承認を受けたものです）

出会いの授業でイイ先入観を
◆ラブレターみたいな感想をもらってニンマリ♡

●出会いは〈イイ先入観〉を！

　4月，ボクは今の高校に赴任して，1年3組の副担任になりました。でも，「副担任」といってもたいした仕事はなく，たまに担任の代わりにホームルームに行ったりするくらいだから，教室に行く機会もほとんどありません。

　そんな中，久しぶりに1年3組に行った時に，生徒から「先生は何の教科を担当するの？」と質問されました。ボクは「物理だよ。力とか電気とか音とか中学校でやったでしょ。ああいうやつかな」とざっくり説明しました。すると，クラスの生徒たちは「私，社会は入学試験で85点だったけど，理科は18点だったんだよねー」とか，「とにかく，理数系ダメだわ〜。先生，そこんとこよろしく！」「私も物理なんて無理無理！」と笑いながら声をかけてくれます。ボクも笑いながら「あはは，よろしくねー」と返すしかありません（汗）。

　そしてついに，ボクが担当する「物理基礎」の最初の授業が1年3組でも始まります。授業を翌日に控えて，ボクは大学の恩師である小原茂巳さんの「出会いは〈イイ先入観〉を！」という言葉を思い出します。ボクも，「この先生とはきっとたのし

くやれそう！」と思ってもらいたい。「出会いの授業で〈やっぱり物理はキラ～イ！〉なんて，自分の物理嫌いを再確認させるようなことだけはしたくない」と思うわけです。

●緊張をほぐすために

そこでまずは，「自己紹介クイズ」[(1)]から始めることにしました。でも，これは「子どもたちのため」というよりも「自分のため」（笑）。新任のボクには，高校がどんなトコロで，子どもたちもどんな雰囲気なのか，まだよくわかりません。そんなボクにとって，最初の授業は特に緊張します。だから，最初の十数分で，「ボクも恥ずかしいですが…」なんて言いながらクイズをすれば，自分の緊張もほぐれるだろうと思ったのです。

そして，自己紹介クイズの後の残りの時間は，授業プラン〈見れども見えず〉[(2)]をやることにしました。このプランは，〈科学的なものの見方や考え方〉について知ってもらうのにピッタリで，ボク自身，明星大学時代に驚きながらたのしく学ぶことができたものです。だから，「これなら〈物理なんて嫌い！〉と言っている生徒たちも喜んでくれるんじゃないかな」と，明るい見通しを持つことができたのでした。

---

(1) 小原茂巳さんの「自己紹介はクイズで」（『ぜったい盛り上がる！ ゲーム＆体育』仮説社，2011）をマネしました。内容は後掲のプリントをご覧ください。
(2) 小原先生が明星大学の「理科教育法」の講義で使ったテキスト『「たのしい科学の授業」入門――理科教育法講義ノート』（風の子書房，2011）を参考にしました。この本は大学のテキストのため入手しづらいですが，授業プラン《見れども見えず》は，『最初の授業カタログ』（仮説社，2000）にも収録されています（増田伸夫さん「最初の授業はこれっ！《見れども見えず》」）。

● 〈出会いの授業〉がスタート！

　授業当日。チャイムと同時にクラスに入ると，40人全員が座ったまま，雑談一つせず待っています。

　　シーン……（タラーッ）。

——ここまで静かだと緊張して困っちゃうな。何から話せばいいかな…。そんなことを思いながら，ボクは「最初から教科書を使った授業をするのはボクが疲れちゃうので，今日は教科書は使いませ〜ん」と宣言し，自己紹介クイズのプリント（次ページに掲載）を配るのでした。

　プリントを配った途端，無言だった高校生たちが，少しザワザワしてきます。「志村県って，そりゃないよー（笑）」「先生の高校時代のエピソードって，どれも面白〜い」なーんてね。反応があるとボクもうれしくなります。

　ボクは，「じゃあどれか一つに手をあげてね。手をあげるのメンドクサイかもしれないけど，ちょこっとだけつき合ってください」「一人だけ景品を用意してるよ」などと言いながら，黒板に選択肢のそれぞれの予想人数を〈ものすご〜く雑〉に数えて，黒板に予想分布を書いていきます。

　この〈ものすご〜く雑〉に数えるのも，生徒たちにとっては面白いようです。クラスの生徒数は40人なのに，合計で50人いたりしてね（笑）。「先生雑だよー」「もっと手をあげてる人少なかったよー」などと生徒から言われながら，「ごめんねー，この自己紹介クイズの時だけはざっくり数えさせてよー」と，ボクは笑いながら，人数を数えていきます。

　正解，不正解の判定に「ピンポンブー」という道具を使うの

自己紹介クイズ

〔問題1〕 ボクが生まれた場所はどこでしょう？
　ア．北海道　　イ．大阪府　　ウ．千葉県　　エ．志村県

〔問題2〕 大学卒業後，ボクがしていた仕事は何でしょう？
　ア．銀行員　　イ．メーカーの営業　　ウ．ラジオのDJ
　エ．研究者

〔問題3〕 ボクの趣味は何でしょう？
　ア．天体観測　　イ．ギター　　ウ．山登り　　エ．手品

〔問題4〕ボクがやったことのないアルバイトは，次の選択肢の中のどれでしょう？
　ア．着ぐるみ　　イ．結婚式の音響・照明係　　ウ．塾講師
　エ．屋形船の船員　　オ．スーパーの店員

〔問題5〕 ボクの高校時代の思い出は，次のうちのどれでしょう？
　ア．入学式当日に隣の女子と意気投合。そのまま3年間付き合う。
　イ．文化祭当日に寝坊！ あわてて友人には「忙しすぎて倒れて病院に運ばれた」と嘘をつく。
　ウ．合唱祭でピアノの伴奏をしたところ，途中でミスを連発。最後は全員アカペラで歌う。
　エ．生徒会の会長に立候補。最後の卒業式にしゃべる「答辞」で号泣。在校生に笑われる。

〔問題6〕 石狩翔陽高校への勤務が決まったとき，赴任校がロケ地になった，ある映画のDVDを買いました。その映画とは？
　ア．ハルフウェイ　　イ．魔女の宅急便
　ウ．鈴木先生　　エ．北の国から

も，小原先生をそっくり真似してます（右写真，仮説社でも販売）。「ピンポーン！」「ブブーッ！」と音が鳴った瞬間に教室で笑いが起きて，とっても盛り上がります。「隣の先生に怒られそうだからドアを閉めてくれないかなー」「この前職員室で間違って音が鳴っちゃって恥ずかしかったなー」なんて話も，生徒たちはニコニコ聞いてくれます。なんだか良い雰囲気！

ピンポンブー
ボタンを押すと電子音が鳴るお役立ちグッズ

　自己紹介クイズの質問も，ほとんどは小原先生をはじめ，昭島サークル(3)の人たちが作った質問をマネしただけですが，生徒たちは笑いながら聞いてくれます。特に教師の失敗談や学生時代の話は喜んで聞いてくれるみたい。クイズの景品に用意した日本テレビのゆるキャラ「なんだろうくんキーホルダー」も喜んで受け取ってくれたなー。ボクがお願いしたわけでもないのに，景品をもらった生徒に対して自然と拍手が起こったりして，なんだかたのしくやれそう！（ちなみにクイズの正解は，問題1：ウ，問題2：イ，問題3：イ，問題4：オ，問題5：イ，問題6：ア）

なんだろうくん

---

(3) 正式名称は「たのしい教師入門サークル」。東京都昭島市の昭島公民館で毎月第3土曜日に開催されています。主催は小原茂巳さん・田辺守男さん。現職の先生のみならず，学生の参加者もあり，「たのしい教師／授業入門」や「悩み相談」など，活発な情報交換の場です。…と言っても，雰囲気はお菓子をつまみながら，笑顔でワイワイ，「誰でも気軽にどうぞ」というカンジです。サークルは全国各地で開催されているので，興味のある方は『たのしい授業』のサークル案内ページをご覧ください。ちなみにボクは明星大学の学生の時に初めて参加しました。

●授業プラン〈見れども見えず〉

　自己紹介クイズは大成功！　ボクの緊張もほぐれてきたところで，「じゃあ，今度こそ教科書授業……じゃなくて，キラクに受けてもらうプリント授業をやりまーす」と言いながら，〈見れども見えず〉のプリントを配っていきます。

　〔問題１〕は月の問題。生徒たちは急に真剣に考え始めます。問題の意味がわからなそうな表情をしている生徒には，黒板に月の絵を描いて説明を補足してから質問に移りました。今度は，一人ひとりの予想を丁寧に数えて，予想分布を黒板に書いていきます。

〔問題１〕　次の図のア〜キのうち，月の満ち欠けによって実際に見られる月はどれでしょうか（月食などのときは除く）。
　実際に見られると思う月の記号に○をつけなさい。

　そして，答えを発表した後に，月の満ち欠け方について，ボクは自作の「月の満ち欠け模型」を使って説明したのでした（東急ハンズで買った発泡スチロール球に，黄色と黒の水性マジックを塗って菜箸に挿しただけ）。

予想分布

	見える	見えない
ア	40	0
イ	0	40
ウ	39	1
エ	0	40
オ	35	5
カ	35	5
キ	27	13

　生徒たちは真剣に模型を見つめてくれていますが，その静けさに，「本当にわかってくれているのか？　たのしんでくれているのか？」がちょっと心配に…。でも，気を取り直して次の問題に移ります。

●私，描きたくな〜い

〔問題２〕はアリを描く問題です。ボクは生徒たちに，「美術の時間じゃないから，うまく描かなくていいんだよー」と言い

> 〔問題２〕 アリの足は何本か。アリの体はいくつの部分に分かれているか。足はどこから出ているか。以上のことに注意して，アリの絵を描きなさい。

ながら，「① 足の本数」「② くびれの数」「③ どこから足が出ているか」の３点のポイントをおさえるように付け加えます。

生徒たちは，アリを描き始めるとまた賑やかになりました。「私，合ってるかなぁ？」「お前のアリは違うだろー」と，それぞれのアリの違いをたのしんでいるようです。ボクは「友だちのアリも気になるかもしれないけれど，自分のアリも大事にしてね（笑）」なんて言いながら，５〜６人の生徒に，「そのアリ，黒板に描いてくれない？」とお願いをしました。

ところが，「え〜，私，黒板に描くの嫌っ！」という生徒が何人も出てきてしまったのです！

でも，口調や表情から判断すると，「合っているか不安」「みんなの前で描くなんて恥ずかしいよ〜」というカンジの断り方で，問題自体はたのしんでくれている気がしました。そこでボクは，「そうなのー，どうしても嫌？」と確認してから，やっぱり嫌がる生徒には黒板に書いてもらうことはアキラメて，他の生徒にお願いすることにしました（ここで無理にお願いする必要もないし，何より〈問題をたのしむ雰囲気〉はそのままにしておきたかったからです）。

● 物理ギライの稲田さんが……

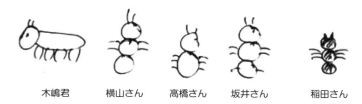

友だちの描いたいろんなアリが黒板に出そろって，教室のみんなもニコニコ笑顔になります。きっと，教師が描くアリよりも，友だちが描くアリの方がよっぽど興味もたのしさも感じられるんだろうなぁ。こうやって，生徒たちの意見も出し合いながら，笑いあってワイワイやれる問題，ボクは好きです。

そして，この問題で正解のアリを描いたのは，「物理ギライ」を公言していた稲田さんでした。稲田さんは「えぇ～，私合ってるの!?」と自分の正解に驚きながらも，大きくガッツポーズ！そして決め顔（笑）。とっても笑顔が似合う子だなぁー。

そんなことを思いながら，コンセントの穴の形を問う〔問題3〕に移ります。

この問題はいろいろな意見が出るかもしれないと思ったので，「なんとなくでもいいよ」と前置きしてから，生徒た

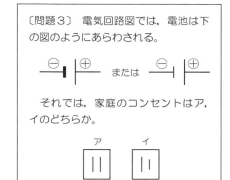

ちに理由を聞いてみることにしました。すると，生徒からは「交流で交互に変わっているから，穴に違いはない（ア）」「家のコンセントは両方同じ長さだ（ア）」という意見や，「いや，違う長さを実際に見たことがある（イ）」「前に聞いたことがある（イ）」といった意見が出てきました。それぞれが自分の意見を発表したくなる，素敵な問題のようです。

> 予想分布
> ア．長さは同じ…33人
> イ．長さは違う… 7人

　そして新沼君からは，「コンセントの長さが違ったら，電源プラグの向きを気にしなくちゃいけない。でも，そんなことはない。だから（ア）」という意見が出ました。すると，あの物理ギライを公言している稲田さんが「おお〜，新沼くん，スゴイじゃん。なるほどねー」と声に出して反応したのです。

――おっ！ この問題はまさに物理分野の問題だけど，物理ギライの稲田さんが興味を持ってくれている！ しかも，友だちの意見に素直に「イイ」と言える子なんだなー。素敵だなー。その稲田さんの言葉に，まわりの生徒たちもうなずいています。

●意外な結果⁉

　このコンセントの問題は，教室で結果を確認することができます。ボクは「じゃあ，みんな立って教室のコンセントを見てみようか」と，教室のコンセントの位置をお知らせして，各自見てもらいました。

　最初は数人の生徒しか動きませんでしたが，その生徒たちから「えぇ〜，違うの〜⁉」という声が聞こえると，残りの生徒たちもコンセントのまわりに集まってきます。少数派が正解し

たということもあり，実験結果にみんな驚いているようです（予想通り！）。ある生徒は，電源プラグの向きを変えて抜き差しして，いろいろ実験しています。思いがけない答えのときほど，いろいろと試してみたくなるのかもしれません。

その後，僕は黒板に電柱と家とコンセントの絵を描きながら，「電気が差し込み口の片方にしかきていない話」や「アースの話」などをしました[4]。生徒たちは，ボクの下手な絵を見ながら，ニコニコ笑顔で聞いてくれたのでした。

● 生徒の評価は？

その後，もう1問だけ問題をやってから，次のまとめのお話を読みました。

見れども見えず

「月なんて何回も見ているのに，なかなか予想が当たらなかったなぁ」と思った人が少なからずいたのではないかと思います。人間は何回も見ているものについてなら，正しく答えられるものなのでしょうか。

板倉聖宣さんという科学者は，科学的認識の成立条件（科学的な見方や考え方はどうしたら身につくかということ）について，次のように言っています。

「科学的認識は，目的意識的な実践・実験によってのみ成立する」

つまり，「単なる経験をいくら積み重ねたところで，科学的な見方や考え方は身につきませんよ」「〈予想をもって問いかける〉ことをしないと本当のことは見えてきませんよ」というのです。

---

[4] 板倉聖宣「理科オンチ教師のための科学教育入門」（『ものとその電気』仮説社，1989）に書かれているお話です。

> ふつう、〈実験〉というと、それは何か器具を動かすことだと思っている人がいるようです。ビーカーを振ったり、試験官に触ったりしていると、何か〈実験〉をやっているような気分になるようです。
> しかし、もしそれを〈実験〉というのなら、チンパンジーがビーカーを振っていても、赤ちゃんが試験官に触っていても〈実験〉と言わなければなりません。でもそれは本当の意味の〈実験〉とは言えません。なぜなら、それはチンパンジーや赤ちゃんは〈予想をもって問いかけ〉ていないからです。〈実験〉はある問題に対してどういう考えが正しいのか決着をつけるために行うものです。チンパンジーや赤ちゃんの場合はそういうことを考えてやっていないのです。
> だから、人間は何度も月やコンセントを見ていても、〈予想をもって問いかける〉という意味の〈実験〉をしないかぎり、問題に対して正しく答えられないのです。まさに「見れども見えず」です。〔以下略〕

そして最後に生徒たちに授業の評価と感想を書いてもらうようお願いしました(省略した問題やまとめのお話の続きが気になった方は、ぜひ『最初の授業カタログ』を読んでみてください)。

ただ、「感想文＝書かされるもの」というイメージを払しょくしてもらうため、「無理しないようにね、何を書いてもいいんだよ」「成績とは関係ないから、ボクへの手紙だと思って書いてよ」と声をかけ、黒板には「ボクへの手紙」と大きく書いておきました。さて、その結果は…！？

◆1年3組（40名）

⑤とてもたのしかった…21人	④たのしかった…13人	③どちらともいえない…2人	不明 4人

②つまらなかった、①とてもつまらなかった…0人

5段階評価で，⑤と④を合わせてほぼ9割です。これは大成功…かな⁉

●生徒の感想文

感想文もいくつか紹介します（以下，この本では生徒本人の了解が得られた感想文と写真を紹介しています。敬称略）。

私は理科が全般的に苦手なので，授業も楽しみにしていなかったけど，実際に高野先生の授業を受けて，とても楽しくて面白いなと思いました。嫌だった物理がとても楽しみになりました！ あと先生，絵が下手ですね（笑）。これから1年頑張りたいです。よろしくお願いします。（⑤横山泉実）

私は理科が全般的に苦手です。でも，少し勉強してみて，すごく楽しかったし，これから楽しく内容を覚えることができるなと思いました。先生の授業は道具などを使ってくれるのでとてもわかりやすいし，話しやすいです!!!
これからも今日みたいな授業をしてくれると勉強のやる気もでるし，うれしいなと思います。1年間よろしくお願いします!!（⑤坂井莉帆）

　理科が苦手なのに，「次回以降の物理の授業がたのしみになった」「やる気が出た」と書いてくれた横山さん，坂井さん。こういった感想文をもらうと，いかに〈イイ先入観〉が子どもたちとの関係において重要かがわかります。やっぱり出会いの時こそ，〈たのしい授業〉を提供することが大事なんだなー。

　そのほか，〈見れども見えず〉の問題を不思議がったり，楽しんでくれたことが分かる感想がいくつもありました。こうやっ

て興味・関心を引き出す問題こそ，いい問題と言えるのでしょうね。

たのしかったです。普段見ているものや場所なのに，そのことについてよく思い出してみるとわからなかったりしたので不思議でした。他にもたくさんこういうことがあると思うので，発見できたらいいなと思いました。（⑤新沼シャロン）

あっているのもあったけど，あってないのもあった。コンセントのやつはびっくりした。ずっと長さ同じだと思ってたから!! 先生，同じ長さのコンセントってないんですか？世界中のどこかにないですか？（笑） あと先生おもしろい!!（⑤武田優華）

● まるでラブレター?!

　ところで，今日の授業で活躍した「物理ギライの稲田さん」はどのような感想を持ったのでしょう？ ドキドキしながら，ボクは彼女の感想文を探しました。そして，彼女の感想文を読んだ時，思わずボクは，顔がほころんでしまいました。だって，ボクへの手紙，ラブレターみたいなんだもの！

● 感想

> 物理きらいだけど今日は楽しかったです。
> 先生お先生の中で1番好き♡
> ぐへへ←　でも先生絵へったくそ（笑）
> がんばって絵上手になって🐥
> あとめっちゃ物理苦手なんでよろしく
> おねがいします。
> ⑤

教師1年目，しかも出会いの授業で，こんな感想文をもらえるボクはシアワセ教師です。そして，こんな素敵な感想文たちに出会わせてくれる手立てを紹介してくれた小原先生や仮説実験授業研究会の人たちとの出会いに，ボクは感謝の気持ちでいっぱいなのでした。

「先生が一番たのしそう！」だなんて
◆高校2年生と《もしも原子が見えたなら》

● 道具がちょっと足りないけれど…

　今年度，ボクは高校1年生の「物理基礎」，2年生の「化学」，3年生の「物理」をそれぞれ担当しています。3学年持つのは大変な反面，すべての学年を味わえて嬉しいキモチもあります。

　そして明日は，2年生の初めての化学の授業。うーん，緊張するなー。最初は，仮説実験授業で一番人気の授業書《もしも原子が見えたなら》[1]（以下《もし原》と略記）でいこう！ たのしんでくれるかなー？

　しかし，教員1年目の4月，右も左もわからないバタバタ感と合わせて，他学年で別の授業書を始めていたボクは，2年生の準備までは手が回っていませんでした[2]。そのため，《もし原》をやろうにも，授業書に「できれば用意してください」と書かれている原子分子の模型もなければ，$1m^3$中の空気に含まれる分子の数を予想してもらうのに使う道具（正式名称「メートルフレーム」）もありません[3]。

---

[1] 219ペ「授業書の紹介」①参照。
[2] このときボクは，1年生で《速さと時間と距離》，3年生で《力と運動》まで始めていたのでした。授業書については219ペの紹介文をお読みください。

今から注文しても間に合わないしなぁ…（そもそも化学の授業って，明日の3・4時間目）。

水分子の模型（原寸）
直径の長さで実物比1億倍サイズ
（硬質プラスチック製）

メートルフレーム
1m³の枠。水糸やゴムひもを張ることで，分子模型をぶら下げることもできる

そんな状況下，一度はあきらめかけそうになるのですが，ふと，以前に小原先生が紹介していた板倉先生の言葉（座談会での発言）を思い出しました。

> たとえば，こんなことを知り合いの先生から聞いたことがあります。中学校の若い女の先生ですが，理科の授業がうまくいかない。学級経営も困ってる。毎年のようにそんなんで，先生自身が登校拒否ぎみになったりしてね（笑）。自分でも授業に自信がないことを認めているので，なるべくあたりさわりのない教材，教科書の教材で授業をはじめるわけです。そうしてどうにもならな

---

(3)《もし原》に登場する分子がセットになった「分子模型したじきパック」などの分子模型各種は，仮説社で販売されています。また「メートルフレーム」入手希望の方は，「わいわいショップ」（rakuda.kuwano@nifty.com または Tel ＆ Fax 045-823-5220〔21時まで〕）へお問い合わせください。

くなったころ,「このへんで信用を回復しよう」というわけで仮説実験授業なんかをやる。そうすると,それまでの授業よりはいい感じになるんだけれど,「クラスの雰囲気がかわっちゃう」なんてことにはとうていならないというんです。それが今年はなにかの事情があって,1学期のはじめに仮説実験授業をもってきた。——これはその先生にとってはこわいことだったでしょうね。ところが,これが大変うまくいって,そのあと,ごく普通の教科書通りの授業をやっても,子どもたちがなんとか聞いてくれるようになった。〔中略〕同じことをやるのでも,信用されてる先生がやるのと,全然信用されてない先生がやるのとでは,まるでちがっちゃう。まったく信用を失ってからでは,かなり意欲的な教材を持ってきても,「ヘンな先生がまたヘンなことを始めた」なんて(爆笑)……そういうことがあるらしい。そういう意味で,先々のことはともかく,まず最初に子どもたちから信用されるような,その信用をつなぎとめられるような授業をやる必要があるんじゃないか[4]。

「信用か…」と,しみじみ考えます。
　生徒たちとイイ関係で1年間を始めるため,「新しい先生の化学の授業,たのしいかも!?」と思ってもらうため,道具はちょっぴり(?)足りないけれど,「やっぱり仮説実験授業からスタートしよう!」とボクは決意するのです。前日の20時に…(汗)。

● 100円ショップで道具を調達
　学校からの帰宅途中,ボクは閉店ギリギリの100円ショップに駆け込んで,色えんぴつと発泡ビーズ(発泡スチロール製の小

---

[4]「座談会 最初の授業から楽しく」『最初の授業カタログ』仮説社,2000,より。

さい球)を購入しました。

《もし原》には実験らしい実験がなく、原子分子の色塗りとお話が中心の授業書のため、色えんぴつは必須です。また、「発泡ビーズ」を買ったのは、「透明風船の中にアクアビーズを入れて、空気の粒がすごいスピードで飛び回っている様子を見せる」という資料[5]のことを思い出したからです(100円ショップにアクアビーズはなかったため、発泡ビーズで代用)。

家に帰って発泡ビーズをビニール袋に入れて振ってみると、〈空気の粒がものすごーく速く飛び回っているイメージ〉は伝えられそう! これで妥協します。

事前の準備はこれだけ(汗)。あとは当日、配布用の授業書を印刷すればOKです。

● いよいよ《もし原》のスタート!

高校2年生と、初めての仮説実験授業がはじまりました。仮説実験授業の運営法通り、授業書を1枚ずつ配っていきます。

最初の問題、「もし原子が見えたとしたら空気はどのように見えるでしょう」という問いかけに、高校生たちの描いた絵はいろいろ。小さいつぶつぶをいっぱい描く子もいれば、習った知識を使ってHとかCO_2とか、化学式で書く子もいます。個性が

---

[5] 仮説実験授業研究会会員の亀川純子さん(千葉・小学校)が発表された資料を参考にしました。仮説実験授業研究会では、毎年、夏と冬に研究合宿大会が開かれ、授業書の検討や、授業に役立つ資料発表や意見交換が行われています。毎月送られてくる研究会ニュースを見ると、全国の先生方の研究の動向や実践を知ることができます。ボクも入会してみて、新しい世界に一歩踏み入れるカンジがしました(大袈裟かな、笑)。

表れるイイ問題！

次の〔質問2〕では，ボクは分子模型や1m³枠の器具がない分，「こっからここまでが1mでぇー」「水素と酸素がくっつくとぉー」と，身振り手振りを大げさにしながら，黒板やチョークを使って必死に説明をしました（汗）。

さて，高校生たちの予想は!?
中学校から原子・分子について学んできている高校生たちも，意見が分かれました。「30個なんて少なすぎる！息ができなくなっちゃうよ」「3000個もあったら邪魔でしょうがない」なんてね。

> 〔質問2〕……ところで，空気の中には，窒素分子や酸素分子はいくつぐらいあるのでしょう。
>
> これから，およそ1億倍のこの分子模型を使って，空気の模型を作ってみましょう。
>
> 縦・横・高さとも，1m＝100cmの木枠の中に，窒素分子や酸素分子の模型を，いくつぐらい入れるとよいでしょう。
>
> 予想……（　　　　）個ぐらい

> 予想分布
> ア．3個…………0人
> イ．30個………3人
> ウ．300個……11人
> エ．3000個…11人
> オ．30000個…1人

答えは「約30個」，少数派（3人）が正解です。生徒たちは，「えぇ～！」なーんて声をあげての反応はしないけれど（高校生らしい），授業の最後に書いてもらった感想文では，そのことに触れている子が何人もいました。こっそり驚いているんですね。

> 空気を1億倍にして1m³の立方体の中に何個入るかと言われた時，3000個ぐらい入ると思ったが，たったの27個とは思いませんでしたし，27個あるうちのたった5個だけ酸素とは知りませんでした。（及川准也）

●色塗り，たのしんでくれるのかな？

　授業書には，１億倍の分子の図に色塗りをしてもらうところがあります。この色塗りの部分も，最初は，「高校生がちゃんと色塗りをしてくれるのかな!?　子どもっぽいとバカにしないかな？」と不安がありました。

　けれども，心配は無用でした。生徒たちは夢中になってぬり始めます。ボクがキッチンタイマーを使って，「はい，色塗りの時間はおしまーい」と言って次のお話に進んでも，「カキカキ…」と色塗りをする生徒の方が多いくらい…（汗）。色塗り時間を延長するほど，高校生たちは夢中で色塗りに取り組んでくれました。

> １時間ずっと色塗りして，久々にこんな集中した気がします（笑）。でも分子とか化学の中で一番苦手な部分だったので，色をぬることで理解できたかなと思いました。（寺下優花）

●初めての仮説実験授業を体験して

　授業開始前，「仮説実験授業を小・中学校で体験したことのある人はいますか？」と尋ねたところ，一人もいませんでした。ということは，これが生徒たちにとっては初の仮説実験授業。ボクはドキドキしながら，感想文を書いてもらうことになりました。高校２年生たちは，今日のような授業を歓迎してくれたのでしょうか？　何人かの感想を紹介します。

> 私は原子と分子の授業が一番苦手ですけど，先生が原子の動きを見せてくれたおかげですぐに理解できました。これからの授業もぜひそうしてください。（松田緋子）

今まで空気中に,酸素やCO₂があると聞いていたけど,そのつぶとつぶの間がどうなっているかわからなかった。文の中に,真空になっていると書いてあって,ささやかな感動を得ることができた。(小野優斗)

授業をやっている感じではなく,みんなでワイワイできたのでたのしかったです(笑)。原子と分子の話がわかりやすくてよかった。先生がたのしく授業をしてくれているので,自然と笑顔になりました。これからの授業もたのしみです(>.<)。(真行寺 宝)

　《もし原》を始めてまだ1時間だけれども,感想文を読むかぎり,生徒たちはこの授業をとても歓迎してくれているようです。

● 《もし原》の最後に記念写真
　その後,2週にわたって続けた《もし原》の授業。最後は,もう一度空気の絵を描いてから,全員で記念撮影！

　授業の評価も,⑤と④を合わせて9割を超えています。

　◆高校2年生(27名)

| ⑤とてもたのしかった…20人 | ④たのしかった…5人 | ③どちらともいえない…2人 |

生徒の感想もいくつか紹介します。

3時間の授業があっという間だったと思いました。内容だけでなく，色の塗り方や発想で個性が見えて面白かったです。今日でプリント授業〔＝仮説実験授業〕が一旦終ってしまうのが寂しいです。次も楽しみにしてます♪（⑤土門花奈）

自分で色をぬったりして，わかりやすく学べた！ 自分の周りに原子，分子がいたとは!! 最後には写真を撮っていい記念になった。楽しかった。（⑤山下晴加）

「真空」の呼び名に意味があることを知りました。今日の授業は，高野先生が笑顔でビニール袋を振っているのが印象強いです。やっぱり笑顔，いいですね！（笑）。久しぶりの色塗り楽しかったです。（成田沙耶香）

酸素と窒素がどんなカンジで空気中をさまよっているか，ビニール袋を使って実験していた先生が一番たのしそうでした（笑）（赤繁麻里江）

●先生がたのしそう！

　ところで，感想文を読む中で特に目立ったのが，「先生がたのしそうだった」という感想です。ボク自身は「たのしく授業をやらなくちゃ！」という気負いは全然ないのですが，いつのまにか「たのしそうに授業をしている」みたい（笑）。

　発泡ビーズを入れた袋は，「原子・分子ってこーんな速いんだよ。いや，もっと速いんだよ〜っ！」みたいなキモチで振っていて，「ものすごく速いことを伝えたい」と思う一方で，「えぇ〜，

原子・分子ってこんな速く飛び回ってるのー!? すごいなー」とボク自身が思っていて，それがはっきりと顔に出ていたんでしょうね（笑）。

● これから仮説実験授業をやってみようと思っている方へ

今回，バタバタ〜っと始めた《もしも原子が見えたなら》。授業書はすでに持っていたので，準備したのは，色えんぴつと発泡ビーズの2つだけでしたが，無事，高校生たちと一緒にたのしむことができました。

でも，「実験道具がなくたって平気だよ」というつもりはまったくなくて，子どもたちに気持ちよく予想をしてもらうため，授業書に書かれている最低限の実験道具は準備するべきだと思います（授業書には，最初にその授業書の「ねらい」「準備物」「参考文献」「授業書の構成」「改訂のポイント」などが書かれています）。

けれども，今回の高校2年生たちとの授業を通して思ったのは，「何から何まで完璧に揃っている」という状態でなくても，「きっと子どもたちはたのしく授業を受けてくれそうな気がする」ということでした。

「実験道具はいろいろ揃えておかなくちゃ！」「少しでもわかりやすく伝えなきゃ！」と考える人も，少なくないと思います。でも，もう少しキラクな気持ちで，「無理して〈完璧〉にそろえなくても，たのしみが激減することはない」とボクは思うのですがいかがでしょうか？ 特に，ボクのような「仮説実験授業をこれからはじめます」という人にとっては，実験道具や掲示物

の準備もハードルの一つになってしまう気がしていて,「あれも準備,これも準備」としていると,授業をする前から疲れてしまいそう…。でも,仮説実験授業の授業書は,多少のミスや準備不足も許容してくれる気がしています。

　だから,ボクの場合は,最初は自分が無理しない程度に準備を進めて,まずは「子どもたちとたのしく授業をはじめること」が最優先。そして,終った後に「アレもコレも足りなかったな〜」と思うようであれば,それを次回に活かせばいいし,「これで十分」と思えたら,無理に〈完璧〉を求めなくてもよいのではないか,と思うのでした。

　そして,実験道具が完璧に揃わないことに,「足りなくてごめんね」「わかりづらいと思うんだけど」みたいな負い目を感じるよりも,〈教師がたのしく授業をすること〉の方が大事なのではないか——生徒たちの感想文を通して,ボクはそんなことを感じたのでした。

生徒に謝る？ 謝らない？

◆教師が校則違反をしてしまったら…

●鳴り響く携帯電話の着信音

　1年3組「物理基礎」の授業時間もそろそろ終わり。ボクは黒板に計算式を書きながら，生徒たちに説明をしています。その時，「プルルルッ」と携帯電話の着信音が聞こえました。

　ボクの中で，「えぇ～，ヤバイよ～」という声が頭をよぎります。というのも，今の学校の校則によると，「授業中，携帯電話が鳴った場合，没収。そして生徒指導部に報告ののち，放課後に反省文指導（600字以上）」というルールがあるのです。

　そんなこと，生徒にさせたくないなー。ボクも生徒指導部に報告なんてメンドクサイ……。だいたい反省文で600字ってなんだよー。何を書けばいいんだよー。ボクだったら，「反省してます（6字）」で終わりだね。

　そんな思いが頭によぎり，1回目のコールに，ボクは「気がつかないふり」をします。そして，ちょっと大きめの声を出して「次の計算式は―」と説明を続けます。

　（よしよし，これこそ，「生徒たちには〈着信音に気づかない鈍感な先生ね〉と思われておしまい」作戦！）

でも，その作戦は失敗（泣）。着信音はまだ鳴りやみません。しかも結構音が大きい（汗）。トホホ，ボクの近くの席の子なんだろうなぁ……。

　というわけで，これ以上はごまかしきれません。それに，ここまで鳴り続けていると，クラス全体の迷惑になっちゃいそう。見逃すという選択肢もあるけれど，生徒指導部の先生たちや，マジメな生徒たちから，「高野先生はルールを見逃す甘い先生だ」と思われるのもナァ。うーん……。

●犯人は……

　頭の中で悩みながら，とりあえず着信音を止めてもらおうと，「おーい，誰かの携帯電話鳴っているよー。頼むよー」と生徒たちに呼びかけます。けれども，生徒たちはポカンとしていて，「えっ，オレらじゃないよー」という表情。そして，ある女子生徒から「この着信音，先生なんじゃないのー？」と逆に聞き返されます。

　（なーに言ってるんだー。そもそもボクは，マナーモードから着信音が鳴るモードに切り替えたりしません。そんなことありえません！）

　ボクは，「なーに言ってるのー。ボクは普段マナーモードだよ」と言いながらポケットを探り，携帯電話を見ると，画面には「**着信中（クロネコヤマト）**」の文字!!!

　ガーン（泣）。なんと，鳴っていたのはボクの携帯電話だったのでした。

「やっちまったー！」とボクが思っている一方で，生徒たちから今日一番の大きな笑い声。数人の生徒からは「せんせーい，反省文だー！」なーんて言われ，ボクも苦笑いするしかありません。この雰囲気のまま授業をする自信もなくなり，「じゃあ今日はこれでオシマーイ」と授業をそそくさと終わらせたのでした（汗）。

● 生徒たちに向けて反省文!?
　後日，この話を「たのしい教師入門サークル」（東京・昭島）でしたところ，「それ面白いねぇー！」とみんな笑ってくれました。自分の失敗談なのに，つられてボクも笑います。でも，そうやって笑いあっているうちに，生徒は冗談で「先生も反省文書きなよー」と言っていたと思うけれど，本気で「生徒たちに向けて反省文を書いてみよう」という気持ちになってきました。
　だって，同じ学校に通っているのだもの。「生徒が課されるペナルティは，教師も味わっておいてきっと損はない」という気がしたのです（一度ぐらいはね）。それに，ボクが携帯電話を鳴らしてしまった時，生徒たちはすごく笑っていました。これは，生徒と一緒に笑顔で校則について考えるいいチャンスだと思ったのです。〈笑顔で一緒に生徒指導（教師指導？）〉なんてね。
　その後，ボクは次の授業までに，〈反省文〉（生徒同様，600字以上）を書き上げ，クラスの人数分印刷して，授業のはじめに配ることにしました。あわせて，「今の校則についてどんなことを思うか」「ボクの反省文を読んでどんなことを思うか」など，感想を書いてもらうための小さな紙を用意しました。

そして黒板には,「感想文は他の先生には絶対に見せない」というボクからの〈約束〉と,「できれば正直に」という〈お願い〉を書いておくことにしました。ただ,校則や反省文について,思うところがない子に無理矢理書かせることになっても困ります。そのため,「特になければ〈特になし〉でどうぞ」とも黒板に書き添えて,次のプリント(反省文)を配りました。

☆タカノケイの『反省文①』　2014 ⑤ 19（月）
１年３組　副担任（「物理基礎」担当）　／　高野　圭

反省文
―授業中,携帯電話が鳴ってしまったことについて―

　私は,先週の「物理基礎」の授業中,携帯電話をマナーモードにしておらず,着信音を鳴らしてしまいました。結果,１年３組のみんなの集中力を途切れさせてしまいました。
　……反省しています。
　なぜこのようなことが起こったかというと,朝,自転車で学校まで登校していた時に,振動で,いつのまにかポケットの中でマナーモードが解除されてしまっていたからです。
　しかも,授業中に着信音が鳴った時,「誰だよー,マナーモードにしていないのは」と生徒たちを疑ってしまい,自分の携帯電話が鳴っているとはまったく思いませんでした。教師としてちっぽけです。
　　　　　　　　　　　　＊
　ところで,ボクが好きなある教育学者が,こんなことを言っていました。

　　人間に完全を要求してはならない。たとえば,かけ算を教え

> たからといって，100題の計算問題全部に正しく答えられること を要求してはならない。人間にはあやまちというものがあるものだ。気のゆるみというものが許されてしかるべきだ。人間が自由であり，機械や奴隷でないことは，完全でなくてもよい，ということを保証されているところに，もっとも典型的に表れているのではないかと，このごろつくづく思う。
>
> （板倉聖宣『科学と方法』季節社，261 ペ）

　この言葉を思い出して，「たまのミスは人間らしい，けれども，いつもミスしていると他人から信用してもらえないのかな～」なんてことを思います。
　ルールは，〈お互いが気持ちよく過ごす為〉のもの。ルールのせいで，お互いが気まずくなってしまうのは本末転倒な気がしています。だから，他人に完璧を求めずに，自分にも完璧を求めずに，でもお互い迷惑はかけずに気持ち良く過ごしていきたいと思うのでした。（616字）

●反省文なのに，ワイワイ！

　ボクは，キリっとした顔で「プリントを配ります」と言ってから「反省文」を配り始めます。タイトルを見て，ざわつく生徒たち（笑）。中には，本文を読む前から，タイトルを見ただけで笑っている子もいます。
　ボクが反省文を読み上げはじめると，副題の「反省文①」の所で，さっそく「①ってあるけど，2枚目（②）もあるのかよ～」というヤジ！　その後，本文に入り，「…反省しています」の所でなぜかみんな笑います。続く板倉聖宣さんの文章の引用の所

では,「おいおい,話変わったよー」「あっ！ 字数稼いでるよっ！」なーんて声も。こんなふうに,生徒たちはボクの書いた反省文をニコニコしながら聞いてくれたのでした。

そうして反省文を読み終えた後,感想文用紙を生徒たちに配ります。とはいえ,仮説実験授業の後に聞く,いつもの感想文とは事情が違います。「書くことなーい！」という声があがったり,「何を書けばいいの？」と手が止まる子がたくさんいるのでは,と予想していました。

しかし,予想に反して,感想文用紙を配った途端,いつにも増して,みんな夢中になって感想を書いてくれています。カリカリ……。集めてみると,「(反省文や校則について)特に意見なし」と書いた子は2人だけで,残りの37人は何らかの自分の気持ちを書いてくれたのでした。

●ボクの反省文への感想

"人間に完全を求めてはいけない"は確かにそうだなぁと思いました。自分も反省文を書かないように気を付けます。先生も気を付けてください。(伊藤梨乃)

うちの高校はなんでも反省文だけど,みんな慣れたら反省しないで適当に書くと思うから,本来の目的がなくなることもあると思う。うちの高校は携帯電話についての反省文が多いけど,そんなに多いなら禁止にすればいいのにって思います。他の高校は禁止にしてるとこ多いし。先生の反省文はめっちゃ字数稼いでるからもっかい反省文ですね(笑)。(成田 葵)

高野先生の反省文はごまかしすぎてて反省してないと思う（笑）。もっかい鳴らしてみて欲しい…。（小沼舞弥）

先生だって人間だから失敗しちゃってもしょうがないと思います。これからまた同じことをくり返さなければ大丈夫だと思います。頑張ってください。（三河澄香）

〔反省文を書いてくるなんて〕高野先生っておもしろくて不思議な人だなぁって思いました（笑）。生徒と先生が一緒に成長するのはいいことだと思いますよ（笑）。（蛯名佑乃）

真っ先に他人を疑うのは人間の悪い所だから，高野先生が「ちっぽけだ」とか悔やむ必要はないと思う。だって皆そうなんだから。あと，時々は完全を求めてみても悪くないと思う。（阿部宏保）

うちの学校は厳しくて私も気をつけていました。なので高野先生のケータイが鳴ったときは本当にびっくりしました（笑）。今度から気をつけてください（笑）（白坂優佳）

　生徒たちの感想文を読むと，ボクの不注意から起こった今回の出来事も，好意的に受け止めてくれているような気がするのですが，いかがでしょうか？　今回の感想文の特徴は，「（笑）」を書く子がとっても多かったこと。「先生，頼みますよ〜」「先生も人間だものね〜」と，笑顔で語りかけてくれるような気がして，感想文を読みながら，ボクも笑顔になったのでした。
　そして，「生徒と先生が一緒に成長するのはいいことだと思い

ますよ（笑）」なーんて言葉を生徒からかけてもらうなんてね。ステキな言葉です。ボクも，いいことだと思います（笑），とても。

● 〈校則〉について，もの申す！

ところで，感想文の中には，校則について普段思っていることを書いてくれる生徒がたくさんいました。普段モヤモヤした気持ちがいっぱいあるんだなぁ。そして，本音を書いてくれて嬉しいなぁ（生徒との約束があるので，以下の感想は匿名です）。

校則について思うのは，スカートとカーディガンのこと!!! 別にスカート短くしたってカーディガン着たっていいと思う。ほんとに。スカートは別にいいや。でもカーディガンは冬寒いからさ，着たいの!!! 先生ーー!! カーディガン着れるように校則変えてくださーい。

先輩はメイクとかしている人もいるのに注意されてないし，1年だけにやたら厳しすぎると思う。それって本当不平等。カーディガン着たらいけないっていうのも謎。寒いときどーするんすか？ あと車での送迎のとき，学校の近くで乗り降り禁止もホント謎。うちの高校って謎多すぎてしょげるわー。

スカートが長すぎる!! 他の高校もっと短いのに何で?! イメージした高校生っぽくない（怒）リボンはずしたい！ 首あついとき困る。わざわざ立ってあいさつがめんどくさい。カーディガン着たい。チークくらいしたいわ!!!（-.-）。反省文とか，書く量の問題じゃないし，書いたところで反省なんかしてない(^-^) ジャージで帰らせてーーー！

校則が厳しすぎる。縛られてる感があって，正直嫌!!! もう高校生だから自由に自分らしく生活したい。あと，何かあったらすぐ反省文もやめてほしい。

　ボクは，そんな生徒たちの不満に対して，校則を変えたり，不満を解消できるような見通しがまだ立ちません。でも，少なくとも「校則だからつべこべ言わずに守りなさい」と教師側の視点だけでしゃべるのではなくて，「そうだよねー。ツラいよねー」と共感しながら，子どもたちの視点を忘れずにしていきたい，耳は傾けたい。だって，10年ちょっと前はボクも高校生。その頃を振り返って，「その当時のボクだったら同じことを思うだろうなぁー」という意見がとても多かったもの。

●ナメられたらオシマイ!?
　今回の件を通して，ボクは，「反省文を書いてみて良かったなー」という気持ちです。反省文を通して生徒たちと笑いあえて，感想文を通して，本音の気持ちが見えたりする。少なくとも，彼らの表情や感想文の中身を見るかぎりは「悪い関係」に向かってはいないと思うのです。

　けれども，一方では「こんなんじゃ，教師の威厳が保たれない」「教師がナメられたらオシマイ」という教育現場の常識（？）のような声も聞こえてきそうです。実際，今年（2014年）の4月から教師デビューしているボクの友だちも，先月似たような悩みを持ったようです。その時メールをもらっていたので2通紹介します。

いろんな先生から、「はじめにナメられたらだめだよ！」と言われるんだよね。さらけすぎると、ナメられる元になる気もするし。気楽に話せる人である必要はあるけど、ナメられたらいけない。この境界線は、注意すべきときにぴしっと言えるかどうかなのかなと思うけど、難しいなぁ。（友人A）

　高野君、子どもにできるだけ謝らないほうがいいと思う？ 思わない？ 今日知り合いに改めて言われて考えこんでしまったよ……。私は、「ありがとう、ごめんなさい」を教師が使うからこそ、子どもが使えるようになるんじゃないかとか思うけど、私の知り合いの意見は「謝ったら負け」という考えみたいで。教師が謝ることは子どもに負けることなんだろうか…。わからない（-- ;)（友人B）

　同じ教師一年目の友人たちのメールに対して、ボクはうまく答えを出せずにいたのですが、今回の出来事を通して思ったのは、「教師として」じゃなくて、「同じ人間」として、「悪かったら謝る」し、わからなかったら「わからない」と言えばいいんじゃないかなぁ、ということでした。その方が、生徒にとって信用に値する教師であるような気がしています。

　今回の件も、変に取り繕って、「教師は仕方ない！」とか「仕事の電話だ！」などと、ムリヤリ自分を正当化していた方が、教師の威厳を損なっていた（悪い関係に向かった）気がします。

●正直な気持ちを書いてもらえるということ

　校則の話にしても、今回多くの生徒たちが意見・要望を〈正直〉に感想文の中に書いてくれました。生徒指導部でもなく、新任で影響力も低そうなボク。そんな教師が物理の授業の中で書い

てもらった感想文。その中で,生徒たちは感想文用紙いっぱいに,自分たちの気持ちを表現してくれたのです。

〈正直に気持ちを書いてくれる〉ということ。それは「普段の接し方が良かった」のかもしれないし,「普段の授業をたのしんでくれている」からかもしれないし,「たまたま」だったかもしれないし,「誰でも良かった」のかもしれない。理由はひとつじゃないかもしれないし,実際の気持ちは「聞いてみないとわからない」けれど,「ボク(教師)が書いた反省文」を読んだことも,正直に気持ちを書いてくれた大きな要因のひとつだった気がしてなりません。

そんなボクは,やっぱり「教師がミスした時は,素直(？)に謝った方がイイ関係に向かう」と思うのです。

〔追記：2017.1.7〕

この文章はボクの教師1年目(2014年)の出来事です。反省文もたのしく発表できたのですが,状況によっては,「ちゃんと謝れ！」「土下座しろ！」などと,日頃の仕返しをされるかもしれません。もしくはシーン…みたいなね(汗)。そのためには,「普段の子どもたちとのイイ関係」「子どもたちに喜ばれる授業の実践」がやっぱり大事なのではないかと思います。

一方で,子どもたちとの関係はどうであれ,「悪かったら謝る」ことは大事だとも思います。もしかしたら,つるし上げられたりするかもしれない。けれど,そういった行為の積み重ねが,相手が受け取る印象を徐々に変えていくのではないか…。なんだかうまく言えないけれど,そんなことを思いました。

〈たのしみごと〉もイイじゃない
◆ものづくりから生まれるコミュニケーション

● テストの後は〈たのしみごと〉

　今日は期末テストが終わった直後の高校1年生と「物理基礎」の授業。テストが終わった次の授業は,「テストの解説はあっさり済ませて,〈たのしみごと〉をしよう」と思っていました。眠い目をこすりながらテスト勉強をしたのに,すぐに「さぁ授業だ！ この公式覚えろ〜」なんてツラそうだし,ボク自身,授業がツラかったのでした……。

　今回ボクが選んだ〈たのしみごと〉は「わたあめ作り」[1]。生徒たち数人からリクエストもあったし,友だちと一緒に作って食べて,「テスト終わった〜！」というお祭り気分を少しでも味わえるかなぁ,なんて思ったのです。そしてこれが,ボクのはじめての〈ものづくり〉の授業です。

---

[1] このわたあめ作りは,志田竜彦さん（岩手・中学校）を含め,仮説実験授業研究会の人たちが知恵を出し合って改良した〈茶こしタイプ＆アルミ板のわたあめ器〉を使いました。準備する物は,100円ショップなどで手に入るものばかり。生徒たちも馴染みの物に親近感を感じるのか,意外な使い方に驚いてくれるのか,作り方の説明もたのしそうに聞いてくれました。わたあめ器の作り方については,志田竜彦さんの「古殿式〈シダ型〉わたあめの作り方」（『たのしい授業』2016年5月号,No.449,仮説社）をお読みください。

＊

高野「テストお疲れさまでした〜。さて……」

竹屋さん「授業やりたくなーい！」

高野「ああ，そうなのー（笑）。テストが終わった直後だし，誰かの感想文に〈わたあめやりたい〉って書いてあったので，今日は気分を変えてわたあめを作りまーす」

生徒たち「イェーイ！」「授業じゃな〜い！」「わたあめ〜!?」

高野「まずは，実際に作ってみまーす。前に集まってくださーい。もっと前に来ていいですよー。じゃあ，はじめまーす」

——しつこくならない程度に声をかけると，8割ぐらいの子が見える位置に集まってきます。

高野「この植木鉢の中でやりますよー。これなんだかわかる〜？この網みたいなやつ……。100円ショップで買えまーす」

生徒たち「ざる！」「網戸！」「茶こすやつ！」

高野「おっ，誰かが言ってくれたけど茶こしが正解でーす。これにアルミの板をくっつけて，この茶こしの上にくっついてるやつ何かわかる〜？」

生徒「ドライバー！」

高野「惜しい！ ドライバーじゃなくて，これも100円ショップに売ってます。電動消しゴム機というやつでーす。この電動消しゴム機を分解して，この茶こしをくっつけてボタンを押すと……」

生徒たち「おぉ〜！ 回る〜！」（回った瞬間，生徒たちから歓声。こういう瞬間は説明しててボクもたのしい！）

高野「ここにザラメを入れて……（ガサゴソ），この植木鉢の中の火であぶりまーす。でも，家にアルコールランプやガスバーナーなんてないでしょう。どうしたらいいかねぇ～？」
生徒「マッチを入れる！」「ガスコンロ！」
高野「いろいろアイデアがありそうだけれど，今回はこの〈手ピカジェル〉という商品を使いまーす。手を消毒するやつね。家にある？」

——何人かの生徒が手を挙げます。使ったことのない数人にポンプを押して垂らしてあげると，キャッキャ言いながら手ピカジェルの感覚をたのしんでいます（手を消毒するものだから，正しい使い方なんだけれども…）。

● 材料もたのしく紹介

　こんな雰囲気で道具を説明している時の生徒たちは，計算問題を解く時と違って，ボクの問いかけにもまちがいなんか気にする素振りも見せず，たのしそうに答えてくれます。だから，説明しているボクも笑顔で説明できます。
高野「これ（＝手ピカジェル）を燃料にしまーす。これにチャッカマンで火をつけると……」
生徒たち「おぉ～，燃える～！」「えぇ～？ 燃えてるの～？」「ちゃんと音するよ～」
高野「この上でザラメを熱しまーす。ちょっと待ちまーす。回しまーす。すると，ちょっとだけれど…」

生徒「白いのがでてきた〜！」
高野「誰か箸ですくってみてごらん。じゃあ一番前の子に…。ホラ。くるくるっと回してすくってみると…」
生徒「甘〜い。でもちょっぴりしかない」
高野「いっぱい時間があるから，いっぱい作れますよー。今回は，この〈わたあめ器〉も含めて作ってもらいまーす。じゃあ，まずはわたあめ器の作り方から説明しまーす」

　この後，わたあめ器の作り方を説明するのですが，デモンストレーション直後の生徒たちは「早く食べたーい」という気持ちになっていて，まともに話を聞いてくれません（汗）。それが正常な反応だろうなぁと思いながら，あとは作り方の資料を各班に配って，作業に取り掛かってもらうことにしました。

▼わたあめ（器）作りの様子

●高校の授業で1番たのしかった☆

　高校生たちは休み時間もとらずに，夢中になってたのしんでくれました。そして最後に着色料を使って，ピンクやブルーの色つきわたあめを作っていたときのことです。「わたあめやりたい！」とリクエストしてきた渡辺さんが，ボクに話しかけてきました。

渡辺さん「先生，わたあめやりたいって感想文に書いたの私だよー」

高野「もちろん覚えてるよー。わたあめ作るのたのしい？」

渡辺さん「たのしい！ みんなでワイワイやれるのがイイ。いつも計算ばっかりの物理の授業でやるのがイイ。そしてオイシィ！」

高野「いつもは計算で苦しめられているものね（笑）」

——渡辺さんの「計算ばかりの物理の授業でやるのがイイ」というのはどういう心境でしょう？ スペシャル感？ いつもとのギャップ？（笑）。何はともあれたのしんでくれた渡辺さんの感想文です。

わたあめ作りさせてくれてありがとーございます。高校の授業で1番たのしかった☆（文化祭よりも）。今度はまた違うものがしたいな（笑）。（⑤渡辺 涼）

●コミュニケーションのステキなチャンス

この〈ものづくり〉の授業，教師と生徒との間のたのしみごとであると同時に，生徒と生徒の間の仲も取り結んでくれるもののようです。感想文でも，同じ班の子のことを書いている子が何人もいます。

まさか，わたあめが作れるとは思えなかった。男子2人もなんだかんだ言いながらもちゃんとやってくれて，すんごい楽しかった。赤と青を混ぜたら紫になってしまったよ〜（笑）。（⑤亀田万里江）

わたあめおいしかった(^-^)。また，こーゆー楽しい授業やりたい！ 火が大きくなった時は，同じ班の消防士（＝杏奈さん）の活躍により，見事消火されました。（⑤波多野詩絵里）

たのしさを共有して，一緒に笑い合える。教師が「班の人と協力してやれよ！」と怒るよりも，魅力あるたのしみごとを提供する方がよっぽど健康的で，自然ですよね。

それに，〈ものづくり〉の授業だと，教科書の授業ではわから

なくても質問してこない子が,「先生これどうするの〜?」と質問してくれたりします。「はい,これに火をつけるんだよ〜」と手ピカジェルを渡したり,わたあめ器がうまく動かなかったら直してあげたり等々。なんてことはない手伝いなのですが,普段話さないような子とも,自然にコミュニケーションがとれるステキなチャンスです。

　また,これは別のクラスの子なのですが,授業の感想文で,1人だけ「①とてもつまらなかった」「最初は楽しく授業を受けられそうと思ったけれど,今は何も頑張れる気がしない」と書いていた女子生徒がいました。

　「今回みたいな授業はどうなのかな?」と思っていたら,めったに話しかけてこないその生徒が,「せんせい,アルミ板間違って切った〜」「せんせい,ザラメがうまく入らない〜」「せんせい,まだ作ってたい〜」と,まわりの人よりたくさん失敗しながら,たくさん話しかけてくれます。失敗はしているけれど,今回はたのしんでくれていそう! よかった。

　ボクがその生徒の手伝いをしていたら,彼女が隣で一言。「せんせい,今日初めて〈イイ先生〉だと思った!」だってさ(汗)。

●評価はいかが?
　このクラスも含め,全5クラスでわたあめ作りをしましたが,1時間半の授業時間の中で,全員がわたあめ器の制作から実食まで,じっくりたのしむことができました。ボク自身も,質問や対応でテンテコマイになることもなく,作業中の生徒たちを写真に撮るぐらいの余裕がありました。作り方が簡単・わかり

やすいからだと思います。

　ものづくりが嫌いな子もいるんじゃないかな？と思ったのですが，どのクラスもほとんどが，「⑤とてもたのしかった」と「④たのしかった」の評価。全5クラスの170人中，②①はゼロ。感想文をいくつか紹介します。

アルミの板，なーまら（＝めっちゃ）熱いのに，素手で触ってマジで熱かった（笑）。赤いわたあめできてよかった。たのしかった。授業毎回これがいい。次はアイスを作りましょ！（⑤竹屋悦子）

 久しぶりに授業をenjoyできました。次の考査後の最初の授業を楽しみにしています。（⑤伊藤 渉）

簡単にわたあめを作ることができて，すごいなと思いました。また作りたいです!! おいしかったぁー。でも火は熱い。気をつけましょう，竹屋さん（笑）。とても良い授業だった!!（⑤古川ゆな）

 今日は今までで1番たのしい授業でした。なかなか色つきのわたあめはできなかったけど，大きいのが出来て良かった。またできると良いなぁ。今度はアイスクリーム食べたい。（⑤鈴木ゆき乃）

　「また違うことやりたい」「次のものづくりがたのしみ」と，次を期待することがたくさん書かれていて，ボクはただマネし

ただけなのに，イイ思いをさせてもらっているなぁ（笑）。

● 〈ものづくり〉の授業の意義

　こうして，「わたあめ作りはあっという間に生徒と一緒に笑顔になれるなぁ」と思いながら，〈ものづくりのたのしそうなイメージ〉を最初に持ったきっかけを思い出しました。それは，小原茂巳さんが中学校教師だったとき，クラスの女子中学生に反乱されて，その仲直りのきっかけに〈ものづくり〉を行ったというお話です[2]。

　何となく，〈ものづくり〉って，作るのも，作らせるのも，材料をそろえるのもメンドクサイけど，作ってるとき何か「キャッキャ！」とやれるじゃない。だから「キャッキャとやれる。みんなですばやくたのしさを共有できる」というのがスバラシイ（笑）。「あっという間に（1時間で）できあがる」ってのがいいね。『たのしい授業』で紹介されてる〈ものづくり〉は，全員が簡単にすぐできるものばかりだもの。ありがたいよね。

　それに，「あれはどうも俺が手伝えるな。子どもたちに手助けできるな」って思ったの。だって，まずはやり方を俺が教えんといけないでしょう。作り方を教えて，あと一気に1時間でできあがっちゃうでしょ。それでみんな，「ハッピー，ハッピー，ア，ハッピー」（笑）となるでしょう。

　この，「やり方を教えて，手伝える」っていうのが，何かよさそうな気がしたんだな。だって，「プラバンに絵を描いて〜」っていうと，だいたい描くじゃない。そして次に，「先生，これ，トースターに入れて〜」って言ってくるじゃない。「手伝える」っていうのは，何かコミュニケーションが持てるからさ。「楽しいことでコミュニ

ケーションが持てる。これは仲直りのいいチャンス」っていうのが僕の仮説だったのです(2)。

そう！ わたあめ作りを通じて，普段「うるさいなぁ」と思っているクラスの生徒たちがたのしんでくれて，ボクも手伝える。普段話さない子ともコミュニケーションの機会がある。準備はたしかにメンドクサイけれど，「ものづくり特有の良さって，たくさんあるなぁ」と感じるのでした。

じつは今回主に紹介している1年1組は，普段の教科書授業の時は本当にウルサイ（泣）。授業に行く前は，「あのにぎやかなクラスかぁ，大変だなぁ」と思ってしまうほどです。もちろんそれには「ボクの授業がツマラない」「教科書がツマラナイ」など思い当たるフシはあるけれど，その姿にどうしてもイライラしてしまいます。

けれども，わたあめをやっている時の1組の子たちの表情は笑顔そのもの。急にボクの方が，「このクラス，一番イイじゃ〜ん」なんて思えてきます。授業の評価も，とっても高いものでした。

◆1年1組（36名）

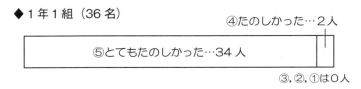

④たのしかった…2人
⑤とてもたのしかった…34人
③，②，①は0人

そんなわけで，細かいところはさておき，ボクのはじめての〈ものづくりの授業〉は大成功に終わりました。毎回こういう授業というわけにはいかないけれど，ときどきは〈たのしみごと〉を提供していける教師になりたいなぁと思うのでした。

〔追記：2018.1.6〕

　今回の授業を通して，普段「教科書授業」で活躍しなかった子が仮説実験授業で活躍することがあるように，「ものづくり」で活躍し出す子もいるんだなぁということが一番印象に残りました。だから，「年に1回でもいいから，〈たのしみごと〉をやれたらいいなぁ」と思っています。

　ところで，教師1年目のときには「完全なたのしみごと」として，このわたあめ作りを紹介しました。けれど，「授業の内容が教科書からあきらかに脱線しているんじゃないか」と感じる人もいるんじゃないかなと思います。「たまに脱線したっていいじゃないか」と思うボクがいる一方で，「やっぱり物騒だよね」と思うボクもいます。それに，たまに気にする生徒もいるし…。

　それで教師2年目からは，「今日は物質の変化と熱の授業だ！」なんて言って，三態変化の話なんかを黒板に書きながら，わたあめ作りに入るようにしています（笑）。無理に結び付けたいわけじゃないんだけれど，そういう視点を紹介して，生徒に安心してもらうのもいいのかなと思っています。

---

(2) 小原茂巳「たのしみごとを闇におく関係」（小原茂巳・石塚 進・中 一夫『中学教師おもしろい』所収，ガリ本，ほのぼの出版，1993）より。この『中学教師，おもしろい』というガリ本は，中学校の先生たちが集まって，「中学教師の良さとは？」「今働いていてどう？」なんて話をざっくばらんにしている様子が記録されていて，とってもオススメです。中学の先生やこれから先生を目指そうと思っている方はぜひ！　仮説社で販売されています。また，女子学生による反乱事件の顛末は，小原茂巳さんの著書『たのしい教師入門』（仮説社）の「女子中学生に反乱されちゃった」にも詳しく書かれています。

お別れのメッセージを手紙にして
◆生徒の感想で振り返る新米教師の1年間

● 出会いの頃

　先日，高校3年生と最後の「物理」の授業を終えました。「2月になると3年生は自宅学習になるから，授業がなくてラクでいいねぇ」と同僚の先生たちは話しています。ボクも3年生18人と週4時間の授業が終わり，「2月はのんびりする時間が出来ていいなぁー」というキモチがある一方，それより「もう彼らと授業できないなんて寂しいナァ」というキモチの方が強かったりします。しんみり…。こんな別れに直面すると，なんだか彼らと出会った頃が思い出されます。

＊

　4月，教師1年目のボクは，ドキドキしながら教室に向かいました。そして，「物理の授業に対して，どういう印象を持っているのかな？」と気になったボクは，自己紹介の後，「物理の授業は好きですか？ 嫌いですか？」という質問をしてみました。

　すると，……18人中，17人が「イ．嫌い」に手をあげたのです！ 残りの1人も「どちらともいえない」だって（汗）。みんな，選択して物理を選んだのにどうして〜!? あせるボク。

　思わず，一番前の席に座っていた子に，「キライなのにどうし

て物理を選んだの？」と聞いてみました。すると，「選べた科目は全部キライ」だったとのこと…。選択できる5科目は，「嫌い，嫌い，嫌い，大嫌い，やや嫌い」という科目。その中で選択しなければいけないので，「やや嫌い」な物理を選択したらしい。好きな科目といえば「生物」だってサ…（泣）。

けれども，最初の自己紹介クイズや授業プラン〈見れども見えず〉で，ボクのエピソードに笑ってくれたり，問題をたのしんでくれる様子を見て，「この子たちとはきっと一緒にたのしんでやれそう…」――そんな予感を持つことができたのでした。

● 生徒の感想を励みにして

その後，ドキドキしながら，授業書《力と運動》を始めました。第1部は「力と加速度」というテーマ。

この授業書では，たとえば，次のような問題が出てきます。

〔問題1〕 重さ660gの木の角材を，すべすべの机で水平に動かすにはどれほどの力がいると思いますか。

ア．ちょうど660g力の力で動く。
イ．660g力以上の力でないと動かない。
ウ．660g力よりも小さな力で動く。

このとき，3年生たちの意見は分かれました。でも，大人でも悩んじゃうような問題です。予想の理由を聞いた後，実験をみんなの前で行い（ちなみに正解はウ），途中，お話を

予想分布
ア…4人
イ…11人
ウ…3人

読んだりして,授業は進んでいきます。そうして授業の最後には,生徒たちに感想文を書いてもらいます。

実験がおもしろくてとても興味がわいた。こういう実験をもっとやりたい。(田中良樹)

今日の授業はとてもたのしかった。物理は計算するだけだと思っていたけど,こういうたのしい実験もあるんだと思った。(水野 誠)

　仮説実験授業の場合,授業の成功・失敗は,この感想文を通して,子どもたちに評価してもらいます(「子ども中心主義」)。感想を見るかぎり,生徒たちは,授業書の問題(=実験で決着をつけられる問題)をたのしんでくれているようでした。
　あぁ～,うれしいナァ～ (^-^)。
　そうしてイイ気分になったボクは,そのまま1年間を通して,仮説実験授業やものづくりを実施してきたのでした。以下,この1年間でみんなから届いた素敵な感想の一部を紹介します。

◆《自由電子が見えたなら》[1]
力をただ加えるだけで,鉛同士がくっついた最後の実験〔鉛の圧着実験〕はすごいなと思った。物理の授業はいつもたのしいなと思った。(斉藤倖祐)

◆《ドライアイスであそぼう》[2]
ドライアイスで作ったシャーベットがとてもおいしかった。家でドライアイスがあれば作ってみたい。ペットボトルを飛ばすのがすごかった。(水野 誠)

◆《光と虫めがね》[3]
光の授業って，中学からのイメージでたのしくないイメージしかなかったけど，外の景色を虫めがねで紙の上に映し出せたのはすごかった‼ たのしかったです。（前田麻衣）

◆《虹と光》[4]
外にでて，虹を作りに行きました。虹ができました。将来子どもとやりたいです。最後に，友達と水をかけあうのもたのしかったです。（高橋利江）

◆《電子レンジと電磁波》[5]
これから先，電子レンジの中に電球を入れることは一生ないと思うので，実験できてよかったです。切れている電球も，電子レンジに入れると光ることを知りました。（三上佳奈恵）

● 不安になったり悩んだりすることも…

　感想文だけ見ると，なんだかすごくにぎやかに，まるでドラマのような授業が毎回行われていそうです（笑）。でも，実際はそんなことはなくて，授業中に予想の理由を聞くと，ほとんどの子の理由は「なんとなく」です。討論が行われることもほぼありません。

　『たのしい授業』で紹介される仮説実験授業の実践記録（授業記録）は，もっとワイワイやっているような印象がありました。だから，ボクの目の前の高校生たちの様子が少し違うことに，「あれ？」と感じることもありました。そのことを気にして，悩ん

---

[3]～[5] 219ペ「授業書の紹介」④～⑧参照。

だりする時期もありました。

でも、そういうときは、板倉聖宣さんの次の文章を思い返していました。

討論のない高校での仮説実験授業の意義

仮説実験授業は、小学校などでやると、盛んに活発な討論が行われるようになって、目に見えて楽しい授業になります。しかし、高等学校あたりだと、ほとんど討論にもならなくて、予想を立てることさえしない生徒が少なくなく、なんとなくシラーッとした授業になったりします。しかし、それでも普通の授業よりもずっと子どもたちはその授業を歓迎してくれていることが分かったりします。どうしてそんなことになるのでしょうか。

じつは、仮説実験授業の授業書は、討論をしたほうがより深く分かるようになっているとはいうものの、討論がほとんど行われなくとも、<u>一連の問題について予想を立てて</u>[①]、<u>実験を積み重ね</u>[②]、<u>その話を読んで理解していけば</u>[③]、一応そのことに関する事柄は、普通の教科書で学ぶのと比べたら、押しつけを感ぜずにずっとよく理解することが出来るようになっているからです。みんなの前で自分の予想を言うのが何となく恥ずかしくても、自分で〈何となくこう思う〉とでも実験の結果を予想していれば、それでかなり分かるのです。

だから、私は「討論がなければ仮説実験授業ではない」などと考えてほしくないと思っています。討論が行われなくとも、淡々と授業を進めていくだけで、深い知識を得ることが出来るようになるからです[(6)]。〔下線は高野による〕

---

(6) 板倉聖宣「淡々とした授業を見直す」『たのしい授業の思想』仮説社, 1988, より。

ここに書かれていることを，今の自分の状況と照らし合わせてチェックしてみます。
☑ ①<u>予想を立てて</u>
⇒ 全員手をあげてくれている，OK！
☑ ②<u>実験を積み重ね</u>
⇒ 問題を飛ばしたりもしていないし，実験のための道具も，だいたいは用意している，OK！
☑ ③<u>その話を読んで理解していけば</u>
⇒ ボクはお話も飛ばさずに読んでいるぞ。理解はどうだろう⁉「たのしい」という感想文は多いけど，「よくわからなかった」という感想はほとんどない。これも……OKにしようかな！

　もしかしたらボクの判断基準は甘いかもしれません。でも，生徒たちは５段階評価でほとんど⑤と④を選んでくれて，感想文にも「たのしかった」「もっとやりたい」「今日の実験はとっても驚いた」などの感想を書いてくれました。廊下で会った時なども，「先生，明日の物理は何をするの〜？」「先生，またわたあめやろうよ！」など，よく声をかけてもらっていました。
　こういうわけで，生徒たちの反応を見ながら，「もし嫌がられたらやめることにしよう」と始めた仮説実験授業は，４月の最初からこの１月まで，ずっと続けることになったのでした。

●最後の授業，何をしようかな？
　時が経つのは早いもので，もう最後の授業を考える時期になりました。最後はイイ雰囲気でお別れしたいなぁ。どうしよう

かなぁ…。

あれこれ考えた結果，最後の2時間連続授業のうち，1時間目は授業書《溶解》[7]の第3部の「作業」をアレンジして，「窓ガラスに油性マジックを使ってメッセージを書き，アルコールで消す」ということを全員でやりました。

〔作業〕ガラスや下じきの上に油性のインクやクレヨンで字を書いて乾かしておきます。これを水・せっけん水・アルコール・ベンジンなどを使ってふいてみて，何を使うとよく落ちるか調べてみましょう。

絵を描く子がいたり，授業の思い出やボクへのお礼を書いてくれる子がいたり，さまざまです。

そして，かき終わったら集合写真を撮って，他の先生に見られないうちに，アルコールを使って急いで消します（汗）。かくのも消すのもたのしい！

そして，とうとう最後の授業の2時間目になりました。ボクはまず，みんなの授業の感想文や写真を載せた授業通信を配っ

---

[7] 219ペ「授業書の紹介」⑨参照。

て，一年間の授業を振り返りました[(8)]。みんな「こんなこともあったナァ…」なんて，懐かしがりながら読んでくれます。

そのあとは，ボクからのお別れのメッセージを手紙風に書いた授業通信を配って，みんなの前で読むことにしました。

☆タカノケイの科学かわら版 No.20／2015 ① 22（木）
高野と物理のゆかいな仲間たち

一年間ありがとう

今日が最後の授業ですね。一年間あっという間でした。先ほど，授業通信で今までのことを振り返った通り，いろんな授業をしてきました。

もしかすると，計算をたくさんしたり，大学受験のような問題をたくさんやりたかった人にとっては物足りなかったかもしれません。そういった授業を求めていた人にはごめんなさいね。

ボクが一年間通してきたプリントを使った授業は，「仮説実験授業」というものです。「わからない問題に対して仮説を立て，実験で決着をつける。そして，授業の良し・悪しは子どもたちに評価をしてもらう」というものです。教育委員会や校長先生など，エラい人が決めるのではなくて，みなさんが決めるのです。

高校を卒業して，答えがなさそうな問題にいくつもぶち当たるかもしれません。そんなとき，この授業のように，まずは予

[(8)] ボクはたまに授業の様子や生徒の感想をまとめた「授業通信・タカノケイの科学かわら版」を発行していて，このときは「総集編！」みたいなカンジでまとめたものを配りました。なお，この「授業通信・科学かわら版」というのは，小原先生が中学校に勤務していた頃に始めた学級通信をマネしたものです（小原茂巳「〈科学かわら版〉の試み」『授業を楽しむ子どもたち』仮説社，1982，参照）。

想してみる——予想するときっと見えてくるものがあると思うのです。

*

　ボクが一年間を振り返ると，この物理Bはとてもたのしく授業をすることができました。教師1年目のボクが，こんなにも仕事をたのしめるというのは，とてもシアワセなことです。転職してよかったです。

　でもそれは，みなさん（お客さん）がいたからこそ。一人で授業をすることはできないし，お客さんから反応がなければツマラないからです。格言に，「緊張したら，観客はジャガイモだと思え」という言葉がありますが，本当にジャガイモだと思ったら，たのしくないと思うのです。（ん？　これは緊張した時の話か……）

　みなさんはもうすぐ卒業ですが，ボクはあと数年はこの高校にいます（きっと）。どうぞ，気が向いたら遊びにきてください。卒業後の話が聞けるのをたのしみに待っています。自分の人生を生きていく中で，時にはまわりからごちゃごちゃ言われることもあるかもしれませんが，最終的には自分の考えを大事に…ネ！

　できればもっと皆さんと授業をたのしんでいたいのですが，仕方ありません。みなさんがたのしい人生を送れることを願って。1年間どうもありがとう！

——高野 圭

　この授業通信を読み終え，「1年間ありがとうございました」とボクが言うと，みんな拍手してくれましたよ。う〜ん感動（泣）。

そしてもう一つだけ最後に,「一年間を振り返っての感想文(=ボクへの手紙)」を書いてもらえないかお願いしたら[9],みんな用紙いっぱいに書いてくれました。う〜ん,泣かせるね!

何度も,何度も読みましたけれど,飽きないものです。帰りのバスで読んでいたら,「先生,何ニヤニヤしてるの?」と生徒から言われちゃいました(笑)。思わず笑顔になってしまいます。

そんな,最後のメッセージ,自慢っぽくなってしまいますが少し紹介させてください(見出しはボクが付けたものです)。

●生徒からのメッセージ

> 「あと1年やりたいぐらい」──田中良樹
> 1年間,先生の授業を受けて,本当にこの授業を取って良かったと心から思います。いろいろな実験をして,わからなかったことが分かるようになったり,いろいろなものを作って飲んだり食べたりしました。あと1年やりたいぐらいです。先生の授業は生徒を第一に考えていて,とても尊敬します。先生みたいな良い先生は,この先,出会うことはないと思います。とてもたのしかったです。

「あと1年やりたいぐらい」なんて,泣かせる話です(笑)。

---

[9] 田辺守男さんのガリ本『たのしい学級担任の春夏秋冬』(山路カウベル堂,2013。仮説社でも販売されています)を見てマネしました。また,この実践は『たのしい授業』でも何度か紹介されています。佐竹重泰「〈ありがとう〉という気持ちを伝えたい」『たのしい授業』No.180。伴野太一「最高の思い出を手紙にして」『たのしい授業』No.375(『マネしたくなる学級担任の定番メニュー』仮説社,に再録)。

> 「一体感と感動の共有」——畠山直人
> 僕は最初，先生の授業スタイルをあまり良いものだとは思っていませんでした。高校3年生なのに気楽すぎるのではないかと思ったからです。しかし，先生やみんなとたのしく授業をしているうちに，こういう授業もいいな，と思いました。みんなで予想を立てて実験をして，その結果にみんなで驚いたときは，一体感を覚え，堅苦しく授業をするよりも発見とその喜びは大きかったです。
> たのしい授業を僕たちのために用意して向き合ってくださった高野先生は，とても良い先生だと思います。あらかじめの実験をしていない（教科書や事前に結果を知らされていない）ので，先生やみんなと感動を共有できました。今まで1年間，ありがとうございました！ これから高校でも，研究会でも，他の所でも頑張ってください。

　畠山君は，4月の段階で唯一，物理に対して悪い印象は持っていなくて。物理の中に好きな単元だってあるみたいだし，計算も嫌いじゃなかったみたいです。だから，彼にとっては，物理の授業では大学入試のような問題をどんどん解きたかったのかもしれません。

　でも，印象が変わっていったんですね。卒業直前になって，ボクははじめて気づかされます（笑）。「聞いてみないとわからない」ですねー（笑）。特に，授業が今日で最後だったからこそ，今までの想いを書いてくれたのかもしれません。

　それに，授業を通して「一体感」を感じていたり，「感動を共有」してくれていたなんてね。これも，こんなふうに感想を聞いてみてはじめてわかったことです。

「子どもに伝えたい」――高橋利江
この1年間,「物理」の授業を振り返って,すごく楽しかったです。普通に生活していたら,わかんなかったことも,先生の授業でわかることができました。将来子どもができたときに教えてあげることにします。はじめは,物理をとったことを失敗したなと思ってました。計算とか多いイメージだったので。だけど,先生の授業はすごくおもしろかったので,今では物理の授業をとってよかったと思っています。1年間という短い時間でしたが,とてもたのしい1年でした。

「普通に生活していたらわからなかったことがわかった！ 将来,自分の子どもに教えたい！」と書いてくれた高橋さん。ボクが高校生だった頃に学んだことで,「自分の子どもに教えたい！」なんて思えた内容なんて一つもありません。ボクは,〈今のたのしさ〉を重視してきたつもりでしたが,本当に価値のあることは誰かに伝えたくなっちゃうもので,そうしたことは,未来につながっていくものなのかもしれません。

「どの授業より物理がたのしみだった」――鎌田有貴
この1年間,たのしい授業を本当にありがとうございました。先生のこの授業を選択して良かったと思っています。他の先生とは全く違ったスタイルの授業で気楽に勉強できました。その分とてもすんなり頭に入りました。僕たちがたのしめる授業を考えてくださったり,道具などをそろえてもらったり,とても感謝しています。他のどの授業よりも物理がたのしみだったし,高野先生が1番好きです。高野先生とは友達として出会いたかったです（笑）。ありがとうございました！

彼がメッセージに書いてくれた「たのしめる授業」．でもこれはボクが自分で考えたものじゃなくて，ボクはただ授業書の運営法通りに授業しているだけです…（汗）。

それなのにこんな感想が届くということは，「教師個人がオリジナルな教材を生み出すこと」よりも，「どんな内容の教材を選んで，子どもたちに提供していけるか」ということの方が，よっぽど重要な問題だということなのかもしれません。

でも，「世の中の教育実践」って「自分で生み出さなくちゃいけないもの」というような印象があって，実際，ボクも以前はそういう印象を持っていました。でも，その理由を聞かれると，うまく説明できないんだよなぁ…（汗）。

ただ，鎌田君のような感想文をもらうと，そんなこと，気にしなくてもいいような気がしてきます。

> 「こういう授業を続けてください」──三上佳奈恵
> ドライアイスとか，わたあめとか，カメラとか，授業っぽくない授業だったのでたのしかったです。1年間，いろいろな実験の予想をしたり，外に出て実験をしたりして，様々なことをしたんだなって思いました。ものづくりの授業で，オマケでコーヒーを飲んだり，電子レンジの授業で使うお菓子とかも，授業中に食べさせてくれてありがとうございました。これからもこういった授業を続けていってください。1年間ありがとうございました!! たのしかったです。

三上さんは，「ものづくり」や「実験の予想」や「外に出た実験」や「息抜き」など，いろんな思い出があるみたい。一年間を振り返った時に，たくさんのイイ思い出が浮かんでくると

いいなぁ。それにまた，「こういった授業を続けてください」と生徒たちから言われると，とても励みになります。

＊

　そんな生徒たちとも，もう授業することはありません。もう1回授業があれば，みんなのメッセージに対してお礼が言えるのにナ。あと2回授業あれば，あの授業書・プランができるかもしれないのにナ。それも，叶わぬ夢です（泣）。「たのしい」って言ってくれたけど，もっと良い授業できたんじゃないか？　授業運営はあれで良かったのか？　そんなことも思います。

　だから，この「たのしい授業をしたい！」という想いは今受け持っている1，2年生，そして未来の3年生のために向けていこう。そして，明日の授業を，今日よりも素敵な授業にできるように，これからも「子どもたちの評価」を頼りに，喜ばれるものを積み重ねていきたいと思うのです。

　生徒たちからの素敵なお別れメッセージをもらって，そんなことを思ったのでした。

ボクの定番メニュー①
私は誰でしょうゲーム

新米教師のボクにもマネできて
実際に役立った実践を紹介します

▶ちょっとしたスキマ時間に

　北海道は，今日〜明日にかけて，数年に一度の猛吹雪の予報。札幌市の小中学校では，ほとんどが臨時休校になっている一方，札幌の隣，ボクが勤務している石狩翔陽高校は，だいたいの子はバスでどうにか登校。通常通り，学校がはじまりました。でも午後からまた荒れるみたい。

　打ち合わせの結果，急遽「3時間目の途中で途中下校とする」ということになりました。授業時間は30分！　ボクの時間割では，1年1組の物理基礎の授業です。とってもにぎやかなクラスで，「途中下校です」と発表した瞬間，「やった〜！帰れる〜！」という歓声があがるのが想像つきます（笑）。

　一方，最近キビシイ教科書授業を続けているボクにとっては，その状況で30分間だけ教科書授業を進める自信がありません（汗）。職員室では，「代わりの授業時数は…」とか，「明日はどうする？」などの会話が交わされるなか，ボクは，「私は誰でしょうゲーム」をすることに決めました。

　このゲーム，以前に『教室の定番ゲーム1』（仮説社）を読んで，「短い時間で，簡単にやれて，みんなでワイワイできそう！」と思っていたボクは，いつでもこのゲームができるように付箋を貼ってチェックしていたのです。急いでルールを読み，「紹介用紙」（次ページに掲載）を印刷して，5分遅れで教室に飛び込むのでした。

私は誰でしょう？
〜 チョッピリたのしく他己紹介 〜

ヒント１．＿＿＿＿＿＿＿＿＿＿＿＿＿＿＿＿＿＿＿＿＿＿＿

ヒント２．＿＿＿＿＿＿＿＿＿＿＿＿＿＿＿＿＿＿＿＿＿＿＿

ヒント３．＿＿＿＿＿＿＿＿＿＿＿＿＿＿＿＿＿＿＿＿＿＿＿

　　　　　※さらにヒントが浮かんだら下に続けてください。

　　　・＿＿＿＿＿＿＿＿＿＿＿＿＿＿＿＿＿＿＿＿＿＿＿

　　　・＿＿＿＿＿＿＿＿＿＿＿＿＿＿＿＿＿＿＿＿＿＿＿

〔ヒントの書き方とお願い〕
① 下に書いてある名前の人のイイところ・ステキなところを見つけて，上のヒントの欄に書いてください。なるべくいっぱい書いてね。
② その人を傷つけるようなことは絶対書かないでください。
③ 下の名前とヒントは，絶対に内緒にしてください。
④ 簡単なヒント（当てられてしまいそうなヒント）は，なるべくヒント３以後に書いてください。
⑤ 万が一，自分の名前の用紙が回ってきたら，あわてず，こっそり，自分のイイところをいっぱい宣伝してください。
⑥ どうしてもその人のヒントが思い浮かばない場合は，先生に名乗り出てみてください。もしかして交換してくれるかも……。でも，できたら，やっぱり友だちのイイところ，発見して書いてほしいな。

.... 谷折り ....

★私の名前は　　　　　　　　　　　です

▶教室の様子

「先生,もしかして途中下校~?」

「はい,打ち合わせで,3時間目を早めに切り上げて下校になりました」

「いぇ~い!」「やった~!」
「午後どうする~?遊びに行こう~!」「バスの時間は~?」「すぐ帰らせてよ~!」

「あと25分だけれど,授業をやります」(ゲェ~!の声)
「…といっても,25分しかないしね,残りの時間はちょっとしたゲームをやりまーす。プリントを作ってきたので配ります」

「先生,わかってる♪」

　教室まで急いだから息は切れているし,はじめて実践するのでゲームのやり方も,もうバタバタ。けれども,この「私は誰でしょうゲーム」を含め,『教室の定番ゲーム1』の中に載っている記事は,ルールも簡単で誰でもマネできるものばかり。どうにかなりそうです。

▶ゲームのすすめ方

(1) 73ページのプリントを全員に配り,「自分の名前」をプリントの一番下の空欄に書いてもらいます。
(2) 名前を書き終わったプリントを回収。教師がシャッフルして,もう一度,生徒全員に配り,友達に見られないように,空欄に名前が書いてあるクラスメイトのイイところ・ステキなところをヒントの欄に書いてもらいます。
(3) もう一度プリントを回収して,その書いてあるヒントをもとに,その友達が誰かをみんなで当てるというものです。
　なお,このゲームの正解/不正解は,「ピンポンブー」(仮説社でも販売)で発表するとさらに盛り上がります。

▶ゲーム,スタート!

「じゃあ,始めるよ。私は誰でしょう…,ヒント1.私はとても女子っぽいです!」

「みーちゃん!」
──ブッブー!

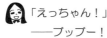「えっちゃん！」
――ブブー！
「おいおい〜！ うちの列，マイナスじゃーん！*」
「だって，みーちゃんも女子っぽいよ！ かわいいもの！」
「ちょっと〜！ やめてよー」
（みーちゃん照れる）
「ギャハハー！」

*正解は＋2点，不正解は－1点のグループ対抗戦。ルールの詳細は『教室の定番ゲーム1』をお読みください。気持良くゲームを進めるための工夫なども書かれています。

お〜！ 1人目から大盛り上がりです。本に載っていたこのゲームの実践記録は中学1年生が相手でしたが，高校1年生でもたのしくやれそう！ こんなアッタカイ雰囲気のまま，ゲームは進んでいきます。

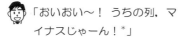「じゃあ，次にいきまーす。私は誰でしょう…，ヒント1．私はスポーツが得意です！」
（シ〜ン…）「じゃあ，ヒント2．私は工芸の授業の時，作品を仕上げるのがとっても速いです！」
「佐藤くんだ！」
「ピンポーン！ 正解です！ ちなみにヒント3は〈メガネがとっても似合ってます〉だそうですー」
「あ〜，わかる〜！ オシャレだもの！」

ヒントを読み上げていると，担任ではない，週1回の物理の授業でしか出会わないボクにとって，「へぇ〜！ そうなんだ！ ステキ！」と思えるものがたくさんあって，ボク自身も新しい発見にたのしくなります。それに，教科書授業の時は静かに授業を受けている子が，少ないヒントでバンバン友達を当てていたりします。クラスメイトからの「おぉ〜！ すご〜い！」という歓声と合わせて，ボクも思わず「すご〜い」と歓声をあげちゃいます。

また，時間に余裕があるなら，ヒント1で正解が当たった子に

も，すぐに次の子に行かずに，残ったヒント2，ヒント3をお知らせしても，盛り上がります。「クイズを当てるスリル・サスペンス」と合わせて，「友達のイイところを紹介しあう楽しさ」も，このゲームの魅力のようです。

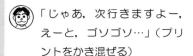

- 「じゃあ，次行きますよー，えーと，ゴソゴソ…」（プリントをかき混ぜる）
- 「せんせー！授業時間，あと5分しかないよ！早く〜！」
- 「もうこんな時間！後3人で終わりにしまーす。次は…」

………

こんな感じで，30分の授業時間は，あっという間に過ぎてしまい，とてもたのしい時間を過ごせたのでした。「早く帰りたい」なーんて雰囲気は吹き飛んでしまったね。

また，ゲーム終了の時に，波多野さんから「登場しなかった残りのクラスメイトのヒントも見たーい！」と声をかけられました。「自分のイイところを他人から聞きたい気持ち」は誰でも持っていそうだけれど，「クラスメイトのイイところを他の人は何と書いているのか？」も知りたくなるようです。ん!? これってなんだかステキなことかも!?

*

そして，スクールバスが到着し，ボクも乗車指導に駆り出されていた時のことです。

さっきゲームを行った1年1組の生徒たちから「先生，たのしかったよー」「またやろうねー」と声をかけられました。ボクはただマネしただけなのに，こんなイイ思いをさせてもらってねー，エヘへ。このゲームの考案者の小原先生に感謝，感謝！

でも，この「私は誰でしょうゲーム」の記事を読んで，「これはステキ！」と思って付箋を貼り，机の上に本を置き，急遽やろうと決断したボクもエラいなぁ〜！なーんちゃって！

別れと出会いの新学期
◆さびしいけれど，うれしいことも

● 4月になって

　4月になり，高校1年生の子たちも無事全員進級。新2年生とは会う機会が減りそうな予感。そんなことを思いながら，4月の始業式当日，ボクが新2年生のクラスが並ぶ廊下を歩いていた時のことです。

　僕が春休み前まで授業を受け持っていた永田さんと久しぶりに会ったときの彼女の一言は，「せんせいっ！ 私，2年生になったら先生の授業なくなった。嫌だっ！」でした。隣の三上さんも「私もなくなった！ このままじゃ先生キライになるよっ！」だって（笑）。

　ついニヤけちゃうね。

「じゃあ，どうすればキライにならないの～？」と聞くと，三上さんの返事は「他の先生の授業の時に先生が乱入してくりゃいいんだっ！」だってさ（笑）。

「授業なくなって嫌だっ！」と言ってくれた永田さん。その後も，学校内ですれ違うたびに，「先生アイス作りしようよ～」と言ってきます（《ドライアイスであそぼう》でやりました）。一緒に歩いていた隣の田村さん（ボクは授業を受け持っていなかった）が

「えぇ〜，そんなの私やったことなーい」といいます。永田さんは，「1組の時はねー，1年間の物理の授業の中で3回も〈ものづくり〉したんだー！」と自慢そうに話しています。

● 1時間でもたのしい授業を

ボクは自慢されてニヤニヤしながらも，「物理の授業って，年間で30回ぐらいはあるけど，その中の〈たった3回〉が，彼女にとっては〈3回も〉という表現になるんだぁ〜，そして，よく覚えているなぁ」なんて，マジメに分析している自分がいたのでした。

永田さん以外にも，「2年生も高野先生が良かった〜」「なんで学年変わったら教科担任変わるのっ！」なんて，廊下で会うたび声をかけてくれる生徒がたくさんいました。

授業の話題以外でも，「先生，新しいクラスで私，"ぼっち"だぁ〜！」（＝ひとりぼっちの略）とか，「学校やめた〜い！」とか，普段はボクに声をかけてこなかったような子でも，廊下ですれ違ったりしたときに話しかけてくれます。

担当学年や担当教科じゃなくなったからこそ，久しぶりに会うと，やけに盛り上がったり，今まで話さなかったようなことを話したり，偶然すれちがった時の様子がお互い違うカンジ。「おぉ〜っ！」みたいなね（笑）。

別れを通じて，生徒たちがボクに対して〈うれしい再評価〉をしてくれたり，たのしく話せたり。今まで以上に生徒を好きになれるボク。こういうことがあると，「（プチ）別れも，ちょっぴりいいかもな」とも思います。

● 対面式で起きた笑い声

　新年度のボクは，新１年生の担任を持つことになりました。そして，新１年生とその担任が２・３年生に紹介される「対面式」という行事の時です。このとき，担任が自分のクラスを先導して体育館に入場するのですが，ボクが入場した時，拍手の音以上に聞こえてきたのは，「笑い声」でした…（汗）。

　「なんで笑いが起きたのかなー」と思って，対面式の入場の時に目が合った子に聞いてみたら，こんな返事が返ってきました。

　「高野先生が出てきて，笑い，笑顔が起きるってことは，高野先生がみんなに好かれてるってことだよ」

　これを聞いて，ほっこり。

　その後，また別の子に会った時は，ニコニコ笑いながら，大声で，「ちょっと〜！　担任じゃ〜ん！　ちゃんとクラスまとめられるのっ!?」だってさ（笑）。他にも，「高野先生のクラスの子たちずるいっ！　私のクラスも先生が担任だったら良かった〜」「先生のクラス，たのしそうっ！」など，うれしい言葉をたくさんかけてもらいます。う〜ん，感激しちゃうね。

　去年１年間を振り返ると，ほとんど授業でしか接点のない子どもたち。けれども，「高野が担任だったらたのしそう」という印象を持ってくれているみたい。これも〈たのしい授業の波及効果〉っていうヤツなのかな？

● 新１年生たちと

　さて，ドキドキの新一年生は，まだまだ静か。でも，出会った初日，「新しい出会い，お互いにいいスタートにしましょう」

というメッセージを書いた「出会いの通信」[1]を配り，自己紹介クイズや手品[2]をやったりすると，みんな初対面だけれども，笑いも起きたりします。ホッ。

そして最後に，以下のようなメッセージを添えて，「ボクへの手紙」を書いてもらえないか，お願いしてみました[3]。

もしよろしければ……
★アナタからの「お手紙」をいただけませんか？★

　もしよければ，〈高校１年生になった今の気持ち〉〈１年生になった決意〉や〈担任へのメッセージ〉など，キラクにメッセージをもらえませんか？　また，今日の入学式や新しいクラスのことなど，なんでもかまいません。

　「高野先生，よろしくね〜。私の好きなモノは〇〇で〜す」とキラクな挨拶でもいいし，「僕・私のこんなところを知っててほしい」という要望や，「ボクへの質問，お願い」「高校生活が始まって，こんなコト不安です…」「学級通信を読んだ感想」などなど…。

　あ！　宿題ではないので，無理して書かなくてもよいです。無理すると身体に悪いっ！（>O<）。　友だちに書くつもりで，キラクに書いてみてください（書く内容がなかったら無理せずに！）。

すると，一部の子からこんな手紙が届きました。

---

[1] 文末にそのときの学級通信を載せておきます。なお，この通信の内容もほとんどは小原先生のマネをしたものです（小原茂巳・中一夫「ラクなのに，グーな定番学級通信」『マネしたくなる学級担任の定番メニュー』仮説社，2017，参照）。
[2] 小俣和弘「簡単マジック 変身カタツムリ」『ぜったい盛り上がる！ゲーム＆体育』仮説社）。文末のやり方をご覧ください。
[3] これも田辺守男さんの『たのしい学級担任の春夏秋冬』（山路カウベル堂，2013）を見てマネしました。

高野先生こんにちは。高校生活は不安ですが,先生はおもしろくて生徒一人一人をしっかり見てくれそうだなって思いました。これからよろしくおねがいします！ 部活はバスケ部か陸上部に入りたいです。(中内希紗良)

3月の事前登校の時にはじめて高野先生を見て,担任の先生だったらいいなって思ってたので,とってもうれしいです！ 入学式の日もとってもおもしろくて緊張がとけました！ 楽しかったです！ ありがとうございました。私は,結構運動が得意です！ なので,めっちゃ動きたいです！ 1年間よろしくお願いします ^-^(工藤鮎実)

まだドキドキの方が上ですが,新1年生たちともたのしくやれそうな予感がしてきたのでした。

＊以下,ボクが配布した「出会いの通信」と「変身カタツムリ」のやり方を紹介します。

いつも笑顔で！
★今から,ここから…★
──新しいスタート！ いい出会いにしましょう──

● 入学おめでとう

石狩翔陽高校に入学した1年5組のみなさん,入学おめでとう！新入生のみなさんは,きっと,今,期待と不安でドキドキなのではないでしょうか？ たとえば…

「新しい友達ができるかな…」
「高校の勉強ってムズかしそう…」
「校則が厳しそう…」

心配ごとはあるかもしれないけれど，きっと大丈夫！（えぇ〜，無責任〜！）新しい環境の中で,偶然の出会いを大切にできたらいいね。ボクもたのしみにしています。

> 良い事があってこその笑顔じゃなくて
> 笑顔でいりゃ　良い事あると思えたら
> それが良い事の　序章です（Mr.Children『PADDLE』の歌詞）

〈学校にたのしさを求める〉のではなくて，〈自分たちが学校をたのしくする〉と思えたら…，自然と学校はたのしくなっていくのかも。一人ひとりが〈いつも笑顔で元気〉でいられるといいですね。ボクもそうありたいと思って教師生活を送っています。そんな想いを込めて,「いつも笑顔で」という学級通信のタイトルにしました。

● 担任の自己紹介―自己紹介クイズ―

（＊15ページで紹介したものと同じ内容のため，ここでは省略）

● 自分のスバラシサを発見してほしい！

「イイ出会いをしてほしい」――それは，なにも〈新しい友〉との出会いだけをさすわけではありません。〈新しい自分〉との出会いもしてほしいのです。そのお手伝いをするのが，このボク（教師）の役割だと思っています。

たとえば，授業でのお手伝い――できるだけ生徒にとって「たのしい授業」であるようにしますので，どうぞみなさんもいっぱいハリキッてくださいね。

〈自分のスバラシサの発見〉と〈他人（友だち）のスバラシサの発見〉――うんっ，できたらいーっぱいしてほしいなー。

● 知らない関係──シメタ！

ボクと君，そして君とあなたは，今，出会ったばかり。

「う〜ん，この人どういう人なんだろう？」

「おたがいが これまでのことを ほとんど知らない」

これは，ある意味では，とっても都合のいいことなのです。ステキなことでもあるのです。

「自分の欠点，自分のイヤなところなどを，この人は知らない」──と思うと，まずはホッとするじゃないですか。

そして，次に「よしっ，この出会いを機会に，自分のイイところをもっとのばそう！ そして，イヤなところとはオサラバするぞ！」──と，周りを気にせず決意できるのです。

そうっ，今がチャンス！ 〈新しい自分との出会い〉のチャンスでもあるのです。

人間，誰だってヘマをします。誰だって，ついツッパッてしまうことがあります。

ボクだって，30代になった今も，ヘマをしたりツッパッてしまったり，ついカッコつけちゃったり…，我ながら「困ったヤツ」だと思っています。

こんなボク，だから，いつもチャンスをねらっているのです。〈新しい自分（今日よりちょっぴりマシな自分）との出会い〉のチャンスをねらっているのです。そうっ，今がチャンス！ 〈お互い知らない関係──シメタ！〉 ですね。

● 今から ここから！

新しいクラス，いかがですか？ ……もしかして，知らない人の顔がい〜っぱい!?

「おっ，いろんなヤツがいる。おもしろそうだぞ」と新しい出会い

に胸ワクワクさせている人もいれば，反対に，「あ〜あ，仲良しの○○ちゃんと別のクラスになっちゃった。つまんないの…」「知らないヤツばかり…。さみしいな…」などと，不安と不満の気持ちいっぱいの人もいるんじゃないかな。アナタはどっちかな？

　もし，「つまんない」「さみしい」と思っている人がいたとしたら…（いなかったらゴメンナサイ），ボクからのお願いです。

　「つまんない」「さみしい」というグチは，できたら〈今日だけ〉にしてください。それも，クラスのみんながいないところで〈コッソリ〉ね。そうでないと，今日から一緒にスタートする人に失礼というものです。言われた方はイヤーな気持ちになります。

　〈今から　ここから！〉——お互い，たのしい一年間にしたい。そこで，できたら，気持ちよいスタートにしたいのです。よろしくね。

　お互いのイイところ，今から，いっぱい見つけていきましょう。

● 保護者のみなさんへ

　「子どもたちが自分のスバラシサを発見して，自信と意欲を持つようになる」——これって，親と教師の共通の願いではないでしょうか？

　この共通の願いのところで，教師と親は，しっかりと手をつなげると思うのですが，いかがでしょう。教師は〈学校〉で，親は〈家庭〉でそのお手伝いをする。〈子どもたちの笑顔〉を楽しみにして，親と教師が連帯を組む。

　そんなイイ出会いを，ボクはこのクラスのお母さん，お父さん方ともしてみたいのです。どうぞよろしくお願いいたします。

◆「簡単マジック 変身カタツムリ」

〔準備〕2枚重ねになっているティッシュを1枚にして，図のように丸める。

〔補足〕ボクはこの手品をあくまでアイスブレイクとして行います。だから，2回目にはネタばらしとして〈2枚重ねのティッシュ〉を使い，シ〜ン…とした状態でわざと**「ブチッ！」**と大きな音を出してちぎるのです。生徒たちが「な〜んだ」という表情から笑顔に変われば，この手品は大成功（!?）です。

相談できる人がいてよかった！
◆たくさんのヒトやモノに助けられてます

● 去年とはずいぶん違う雰囲気…

　今年（2015年）は，高3クラスの「環境科学」（2時間連続授業）を週1回担当しています。受講者は35名。さっそく，授業書《もしも原子が見えたなら》をはじめることにしました。

　《もし原》は，色塗りがメインの淡々と進む授業書で，派手な実験もありません。以前は，「高校生に色塗りなんて…」と思っていましたが，去年，別のクラスでこの授業書を行なったときに，生徒さんはとても歓迎してくれました（⇒ 26ペ）。そんな経験があったので，今回もきっとたのしんでくれるだろうと，なんの不安も抱かずにはじめました。

　最初の質問，「原子が見えたとしたら，空気はどのように見えるでしょうか。想像して絵にかいてみましょう」には，中学，高校と原子分子について学んできた生徒たちでも，じつに様々な絵を描いてくれます。元素記号を書く子もいれば，クモの巣のような絵や，つぶ，霧みたいな絵をかく子もいたり，さまざまです。色鉛筆を使って，35人全員が，自分なりの〈想像した空気の絵〉を描いてくれました（次ペ参照）。ヨカッタヨカッタ…。全員分の絵を黒板に貼って，友だちと見比べたりしました。

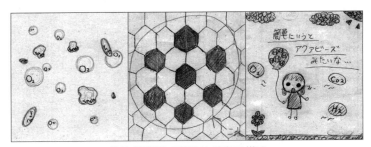

生徒が想像して描いた空気の様子

　絵を描いた後は，お話を読みながら授業書の分子に色塗りをしていきます。すると，5時間目ということもあってか（？），机に伏せて眠りはじめる生徒が1人，2人，3人……（汗）。あれれ〜⁉ 自分がくじけそうなので，途中から寝ている子を数えるのはやめにしました。クラスの一人が，「こんなに寝ている授業も珍しいよナー！」だって。トホホ……。

　普段は授業の最後に感想文を書いてもらっているのですが，今回はそんな気にもなれず（というか怖くて），感想文をとらずに2時間の連続授業を終えました。

　うーん，これでいいのか⁉ 去年，2年生にやった時とは雰囲気がずいぶん違うなぁ。去年の子たちはもっと……ブツブツ。

　つい，わかりやすくたのしんでくれた子たちの顔と比較してしまいます。でも，そんな時に，小原先生のこんな言葉を思い出して，ハッとしました。

　　よく「他のクラスと自分のクラスを比べるとダメ」って考えを聞きますけど，それよりも，よくあるのは，〈自分が受け持った過去のクラス〉と〈今のクラス〉を比べるということです。「去

年の子どもたちはいい子たちだったのに，それに比べて今年の子どもたちはなんだ！」みたいなね。

　それは教師も子どもたちもお互いさまだと思うんです。子どもたちだって，「前の先生は，あんなたのしいことしてくれたのに，今度の先生はそれに比べてつまらない」って思うこともあるわけです。それを教師も同じように思ってしまったら寂しい。〔中略〕どんなクラスだろうと，一歩前進を目指せるといいよなーと思います。過去や周りのクラスと比べずに，出会ったその子たちと，そこからスタートして一歩前進を目指す。それが教師の役割という気がしています[1]。

　ボクが今やらないといけないのは，前の子たちと比較することじゃなくて，目の前の子どもたちと一歩前進すること。気持ちが引き締まりました。

● 困ったときは誰かに相談！
　《もし原》は人気のある授業書です。授業書の中でも一番多く実践されているし，子どもたちからも軒並み評価がいいです。高校でもうまくいったという実践報告がいくつもあります。けれど，ボクの目の前の子どもたちの反応はイマイチ…。これはボクの授業の進め方が悪いのかなぁ？

　悩んでいたときに，偶然，仮説実験授業研究会会員の四ヶ浦友季さん（北海道・小学校）と会ったので，相談してみました。

---

[1] 2013年4月に開催された「新学期スタート研究会」（主催：昭島たのしい教師入門サークル）での小原先生の講演「出会いのとき，大切にしたいこと」より。この講演は，『たのしい授業』2016年3月号，No.446に紹介されています。

すると,「たまたま合わなかったってこともあるんじゃない？ たくさん授業書はあるんだから, 合わなかったら別の授業書をやればいい」「《もし原》なら,「モルカ」（下図）でもやってみたら？」というアドバイスをもらい, 少しキラクになりました。それまでモルカをやったことのなかったボクでしたが, さっそく10個ほど仮説社に注文することにしました。

*

その次の週も2時間連続の授業です。1時間目は今まで通り授業書を進めていたのですが, やっぱりバタバタと倒れる（寝る）子が出現……。うーん, モルカをやって気分を変えるべきか。

でも, ボクは「モルカをやるなら, 当然, 授業書が終わった後にやるべき」と思っていました。なぜなら, まだ授業書に登場していない分子も, モルカには含まれているからです。

けれども, この雰囲気の中で, 授業書を進めるのもナァ…。「雰

分子カルタ「モルカ」

全50種類の分子が描かれた取り札と, その分子の特徴が書かれた読み札のカルタ。今ではボクの定番メニューの一つで, 最近はどの学年でもやっています。税別1500円。仮説社のほか, 全国の書店で取り寄せ注文もできます。

囲気を変えたい！」というキモチと，「授業書をちゃんと全部終えてからでしょう」というキモチが頭の中で対決します（汗）。その時，ふと，犬塚清和さん（現・ルネサンス豊田高校校長／仮説実験授業研究会事務局長）がどこかで言っていた言葉が脳裏をよぎりました。

　「授業で一番大切にしているのは，やっぱり雰囲気かな。シラっとしていたようなところでは，続けられない」

　「どんどん授業書をすすむってこともやらない。ムードがよければすすむし，シラーっとしたらかえってすすめない。やめたりする」

　よし，ここは気分を切り替えて，モルカ大会をやってみよう！

●モルカ大成功！　生徒を見直すきっかけに

　こうして，2時間目はひたすらモルカをやることにしたのですが，結果から言うと，モルカ大会は大成功でした。

　最初は「高校生相手にカルタなんて大丈夫かな？」と思っていましたが，あちらこちらから歓声があがったり，飛び跳ねる子がいたり，大盛り上がり。一方で，ボクが読み札を読む瞬間は，聞き逃さないように，シーンとなります。

　特にキャッキャとたのしんでくれている子たちは，さっきまでは寝ていた子たちでした。彼らへの気持ちがガラリと変わる瞬間です。「なんだ，イイ子たちじゃーん！」ってね。とっても気持ち良く1時間を過ごすことができました。本当にあっという間で，今回は「時間が足りなくて」感想文を書いてもらうこ

とができなかったぐらいです。カルタ大会中,時計をチラチラ気にしている子もいましたが,後で話を聞くと,「まだ○○分もあるのか」というのではなく,「あと○○分しかない」という気持ちで見ていたとのことでした。

後日,廊下で会った隣のクラスの子からは,「先生,授業でカルタをやったんでしょ。アイツが言ってたよ。イイなぁ」と声を掛けられたり(高校生の間では,悪いウワサも良いウワサもあっという間に広まる),授業中ほとんど寝ていた子からは,「先生,この前は祝日で授業なくてさみしかったなー。またカルタやりましょーね!」と言ってもらったり,本当にたのしんでくれたみたいです。

けれども,モルカをやって本当に良かったのは,「生徒がたのしんでくれた」ということ以上に,ボクの「アイツ,寝やがってコノヤロー!」という子たちへの見方が変わったことかもしれません。そしてボクが思い出したのは,板倉聖宣さんの次の文章です。

……仮説実験授業をやっていると,嫌いなタイプの子どもたちが活躍するということが起こってくる。そういうのを見ていて,はじめは「こんちくしょう」と思ったりするかもしれないけど,やっぱり活躍してしまうわけだから,それを認めざるを得ないということになります。そうすると,「あいつはとんでもない人間だ」「あんな人間はだめに決まっている」と思っていた人間が好きになってくる。おそらく,仮説実験授業をやって教師が上達する一番の道は,そうやって「いろんな子どもたちを好きになれる」という点にあるのではないかと思われます[2]。

まさにここに書かれていることを実感した瞬間でした。

● 次は「モルQ」！

さて、「環境科学」の授業も残すところあと１週です。どうやって進めようかな？ モルカでイイ気分になったボクですが、次はどうしようかと悩みます。

今度もまた、岩見沢仮説サークルや仮説実験授業研究会の人たちに相談してアドバイスをもらい、あれこれ考えた結果、授業書の残りと「モルQ」[3]をして終えることにしました。モルQは、原子・分子を使ったUNOみたいな遊び方をするカードゲームです。明星大学時代に大学生たちがたのしんでいた様子を思い出して、「高校生もたのしんでくれるかも!?」と、また10個注文するのでした。

分子カードゲーム「モルQ」

---

[2] 板倉聖宣「本当の平和教育」（『仮説実験授業の考え方』仮説社, 1996, 156ペ）。この文章にはさらにこんな続きがあります。「そしてもっとスバラシイと思うことは、仮説実験授業をやっていくと、〈あんな奴はどうしようもなく馬鹿でイヤだ〉と思っている子どもと、〈あんな優等生大キライだ〉と思っている子どもとの間に交流が生まれるということです。それで、子ども同士、お互いが好きになるということです。それがヒューマニズムというものではないでしょうか」。

[3] 「モルQ」（税別1300円, ねこの事務所発行, 仮説社で販売）は、手持ちのカードで分子を作り、手札の数を減らしていくカードゲーム。基本的な遊び方は、付属の解説書に書いてあります。また最近では、モルQの新しい遊び方が開発され、ガリ本『Let's ぶんしっし!!』（武藤実佐子・宮地祐司著, 楽知ん研究所, 税別500円。仮説社でも販売）という冊子にまとめられています。

●モルQも大成功！

　2時間連続授業の1時間目，モルQも高校生相手にやったことはありませんでしたが，モルカと同様，たのしんでくれました。また今回も，「時間が足りなくて」感想文を書いてもらうことができませんでした。ゲームって時間配分をちゃんと考えておかなくちゃーね！

　授業のチャイムがなる直前，慌てて，集合写真をパシャリ！みんな，モルQや分子模型を持ちながらステキな笑顔です（下の写真）。たのしいことをした後は，自然と笑顔になるのかな。

　また，せっかく原子・分子に関するカードゲームを2種類行ったので，どっちが人気があるか調査してみることにしました。「モルカ」と「モルQ」，どっちが気に入ったか手を挙げてもらうと，ほぼ半々に分かれました。

　休み時間に何人かに理由を聞いてみると，「モルカは札を取る時，つい，まわりの人に遠慮しちゃうので，モルQの方が良かっ

た」「モルQはルールを覚えるのが大変だったので，シンプルなモルカの方が良かった」などの意見が。でも，大半の生徒は「両方のしかったよ！」と言ってくれます。「どっちか選べというから選ぶけど，もう一方が嫌ってわけじゃないよ！」と，ちゃんと伝えてくれるわけです。優しいね。

　ちなみに，モルQの取扱説明書には，「〈遊びながら覚える〉のを目的とはしていません」と書いてあります。だから，「せんせい，まだ覚えられないよ〜！」と言われても，「覚えるためにやってるわけじゃないからそれでいいんだよ〜」と言えます。その返事を聞いてにっこり笑って部活に向かう女子高生。イイネ！

●誰かに助けてもらいながら

　連続授業の2時間目は，《もし原》のまとめにもう一度空気の絵を描いてもらい（下図），今度こそ感想文を書いてもらってオシマイとなりました。

《もし原》のまとめに描いた空気の様子

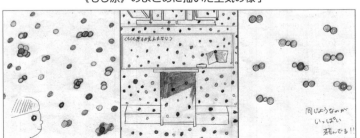

　最初の時間は「怖くて」聞けなかった感想文。次の時間は，

モルカに夢中になって「時間が足りなくて」聞けなかった感想文。最後は，ドキドキ・ワクワクしながら，感想文をたのしみにしている自分がいたのでした（そういえば，いつのまにか寝ている子もいなくなったような…）。

授業の評価と感想の一部を紹介します。

◆高校3年生（31名／欠席4名）

④たのしかった…8人
⑤とてもたのしかった …20人
③どちらともいえない…3人

授業中にカルタやUNOみたいな遊んで覚えられることができてたのしかったです。眠気がぶっとぶ授業でした！1年生で受けた化学の授業の時から原子はニガテなところだったけれど，たのしみながら行ったので，苦手意識がなくなったような気がする。（⑤木村隆也）

1年生の科目選択の説明の時，「すごく難しい科目だよ」と言われていたので，正直な所，3年生になってから後悔していました。一番初めの授業が始まる前は，授業がたのしみではありませんでした。化学は高校の授業の中で苦手な科目で嫌だなって思っていたところ，受けてみると意外とおもしろくて，原子・分子の基礎から簡単な説明で教えてくれたので，これなら私でもできる，覚えたいと思うことができました。（④山水雪音）

モルQなどは，とてもたのしくできた。自分の生活のためになることなど，知れて良かった。（⑤長谷川勝己）

先生の授業は遊びながら学べたのでたのしかったです。モルカやモルQでも，原子の名前を簡単に覚えられました!! これからも続けてください!!（⑤道貝 拓）

空気の中には，酸素，二酸化炭素以外にも原子や分子がたくさんあることを知ることができました。それと，後半にあったモルカとモルQが結構たのしかったです。他の授業とくらべて〈たのしめる授業〉だと思っています。（⑤栗城 彩）

　こうして振り返ってみると，いつも困った時には誰かがボクを後押ししてくれました。「モルカ」や「モルQ」といった，仮説実験授業から生まれたカードゲームの存在も，とても心強かったです。

　今の学校で仮説実験授業をやっているのはボクひとりです。職場にはすぐ相談できる人もいません。「アァ，ひとりだなぁ」とも感じるけれど，研究会やサークル，今まで出会った人びと，仮説社の出版物やガリ本，カードゲーム類……などなど，ボクを助けてくれるヒトやモノがたくさんあるのです。

　民間企業で働いていた頃，社外の同業者は「ライバル」でした。でも，学校の先生でいえば，ライバルじゃ～なくて……なんだろう，「同志」かな？（カッコよすぎ？笑）。直接顔を合わせる機会は少ないかもしれないけれど，校外の先生たちとも協力しあえればステキですよね。

　「そうだ，ひとりじゃないなぁ～」としみじみ感じながら，今，仮説実験授業をしているボクがいます。

進路に悩んだボクだから
◆遠回りしたボクが高校生に伝えたいこと

● 進路を決めることへのためらい

　次ページから紹介する文章は，もとは「ボクの進路」という題名で，教師２年目に担任していた１年５組の生徒たちに向けて書いたものです。

　勤務している学校は「総合学科」という学科を設置していて，１年生の中盤に，２・３年生で自分が受ける科目を選びます。自由でたのしそうだけれど，一方で15～16歳の相手に「将来の進路は」「夢は」「やりたいことは」と考えてもらう必要があるわけです。

　でも，民間企業に勤めた後，通信制大学で教員免許状を取得し，ようやく教師になったボクには，高校１年生に将来の進路を選択してもらうのは，なんだか「自分の人生をムリヤリ決めさせている」ようなカンジが……。それで，「進路が決まってない＝悪い」「今決めた進路＝一生モノ」みたいに考えてほしくないなと思って，この文章を書いたのでした（この文章は，『新総合読本 知恵と工夫の物語』仮説社，に収録されている山路敏英さんの「ボクの進路」という文章をマネて書いたものです）。

（2017.1.7）

2015.9.4
1年5組／高野　圭

ボクの進路

●中学校の頃

　中学生の頃，ボクはゲームばっかりやっていたから，将来の夢はゲームクリエイターになることだった。中学三年生の時，「高校なんて行かないで，好きなゲーム会社に就職してしまうのが一番じゃないか」と思った。それで，一番好きだったゲーム会社の求人情報を見たら，「18歳以上」，職種によっては「20歳以上」と書いてあった。でも，「会社に行って直談判すれば入れてくれるんじゃないか」と思って，夏休みを利用して，千葉の田舎から，東京の目黒という所にまで，2時間かけて会社を訪問した。

　でも，会社の入り口を入った所で，「入口のお姉さんに何て言えばいいんだろう？　いや，思い切ってエレベーターに乗り込んじゃえばいいのか？　ダメだ，足が前に出ない…！」なんてやっているうちに，どんどん恥ずかしくなって，何もせずに会社を出た。コンビニでパフェを食べてトボトボ帰った。

　その後，周囲の人が高校に行くから，同じように高校に行った。高校は，偏差値と家からの距離でなんとなく決めた。

●みんなと同じ年の頃

　ボクがみんなと同じ高校1年生だった頃，夢中になっていたことは，部活（＝バドミントン部）に行くか，家でゲームをするか，別の高校に通っていた彼女と文通をするぐらいだった。ボクの夢だったゲームクリエイターという職業について調べたら，「どうやらプログラミングという〈パソコンで使う英語みたいな言語〉と向き合わなくてはな

らない」ということを知った。でも、高校に入ってから授業で始まったプログラミングの勉強は、あまりにもロマンや冒険とかけ離れていたものだから、ゲームクリエイターを目指すのはやめにした。

　みんなとは違って、科目を選択する必要などまったくなかった。そのことに対して、「もっと自由に選べたらナァ」なんて思うこともなかった。正直、決められていることはとてもラクだったように思う。

　高校3年生、部活を引退したら急に暇になった。ボクはかっこいいわけでもないし、スポーツが特別得意だったわけでもないので、せめて勉強は落ちこぼれないようにしていた。周りが大学に行くから、自分も深く考えることなく大学を志望した（浪人も含めると、四年制大学への進学率が90％以上の高校）。

　どこの大学にしたらいいのか迷って、「一番近い国立大学だ！」と思って、「千葉大」と進路を書いた。親になんて全く相談しなかった。そもそも、母親とは高校時代、ほとんど口を聞いていなかった。それが高校3年生の6月頃。

　なんとなく勉強していくうちに、「国立は科目数が多くて大変だ」ということに気づく。高校3年生の夏。

　その頃、テレビで「天空の城ラピュタ」というスタジオジブリ作品を見て、主人公のパズー（13歳くらい）が機械をいじっている姿に憧れた。父親も機械や電気に詳しかったから、似た進路を目指そうと思った。でも国立は大変だから、私大に変更した。「機械だから、工学部だろう」と工学部・機械工学科を選んだ。オープンキャンパスにも説明会にも行かなかった。試験当日に、はじめて四年間通う大学を訪れた。なんとか合格した。

● ボクの大学時代

　大学に通い始めるも,「絶対コレになる！」という目標もないまま3年間が過ぎた。3年間が過ぎたと言っても, やりたかったバスケ部に入部したり, 憧れだったギターを始めたり, アパートを借りて一人暮らしを始めたりしていたので, それなりに充実していたように思う。

　大学3年生の冬。周囲の人が就職活動をはじめる中で, ボクは悩んだ。その時は, 同級生たちが考えていた〈技術職〉というものは, 自分には向いていない気がした。「一日中機械や電気と向き合っている」ようなイメージで, ボクには耐えられそうになかったからだ。その時の興味は, もっぱら「音楽」だった。卒業後,「コンピューターミュージックの専門学校」に入り直そうともして体験入学に行ったけど, お金もかかるし, 自信もなくて, そこまでの決断は出来なかった。結局, 就職活動の中で音楽に携われるような会社を受けたり, 周りの同級生をマネして〈技術職〉を受けたり, 一方で機械と向き合うより人と話している方が向いていると思って〈営業職〉を受けたりした。

　自分でも「いろいろ迷ってるなぁ」と思ったけれど, 大学の新卒枠で就職活動をする時には, たくさん入社試験が受けられる。高校とは違うのだ。受かった後に考えようと思った。

　結果, 合計6社に合格した。その中で, マイクやスピーカーを作っている音響メーカーに就職することにした。採用は営業職。お客さんを見つけて, 製品を売る仕事だ。技術職より向いてると思った。それに「音楽」そのものじゃないけれど,「音」には携われる。入社してから, どうしても「音楽」に携わらなきゃツラいようであれば, そこから死ぬ気でピアノを勉強して, 音楽科がある短大にでも入学すればいいと思った。

●会社に入ったら

　入社したら，音響製品ではなく防犯製品を売る「セキュリティ・ネットワーク営業所」に配属となった。自分の家を出る時に鍵を何度も閉め忘れるボクには向いていない配属先だと思った。けれども，たくさんの得意先を持って，お客さん相手に夢中になって仕事をしていくうちに，自分の適性のことはあまり気にならなくなった。残業もたくさんした。

　一方で，ボクはこれから就職活動をする大学生相手に会社内容を説明する仕事も年に数回やるようになっていた。自分より若い人に対して，仕事や自分のことを話す。年に数回だけの仕事だったけれど，普段大人相手に仕事をしているよりもよっぽどたのしかった。なんでたのしかったかはうまく言えないけれど，これから未来ある若い人たちと話すのは，とても気持ちがよかった。「年に数日じゃなくて，一年中，若い人たち相手に仕事をしたいなぁ」──そんなことを思い始めた。

●会社を辞める

　そういえば，大学生の時から「学校の先生」という職業が気になっていた。けれど，教職課程を取っていなかったボクにとっては，なろうと思ってもなれない職業だ。だけど，大学の通信課程（働いていたり，別の大学に通っている人が，土日の授業や郵送で提出するレポート課題に取り組むことで大学の単位がとれる仕組み）でも教員免許が取れることを知った。最初は「音楽の先生」を考えた。でも，クラシックピアノを習ったこともないボクでは無理だと思った。そんなことで悩みながら1年が過ぎた。

　そうしたら，「明星大学」という大学が「来年度から，2年の通信

課程で理科教員の免許が取れるコースを作る」という情報を見つけた。なんだか「理科の先生」になるのはおもしろそうな気がした。それに，もしそこで嫌になったら，音楽の先生に変更すればいいとも思った。音楽の教員免許なんて，取れる自信がなかったのにね。

　その翌年，ボクは明星大学の入学試験に合格し，5年間勤めた会社を辞めた。二度目の大学生活では，中学校でアルバイトをしながら，無事二年間で教員免許を取得した。それに大学の教職課程では，とても魅力的な先生や，信じられる教育思想に出会った。それで，もう「理科の先生になること」に対して迷いはなくなった。早くなりたかった。教員採用試験を受けたら，地元の千葉県は二次試験で落ちたけれど，縁もゆかりもない北海道から採用通知が来た。

　迷ったけれど，「これも何かの縁かな」と思い，〈石狩〉という場所が北海道のどこにあるかも知らないまま引っ越してきた。それから一年半，今現在のボクがある。そういえば，もう今年で31歳になったんだなぁ……。

●長〜い〈あとがき〉

　いかがだったでしょうか。みんなが科目選択や，高校卒業後の進路を考えるのを見て，ボク自身が高校生だった頃から〈学校の先生〉という仕事をしている今までを，少し長くなってしまったけれど，振り返ってみました。

　今のボクは，悩んだり，落ち込んだりもするけれど，前の仕事より間違いなく「たのしく仕事をしている」気がします。「先生の授業，たのしかった」と言ってくれる高校生たちがいるんだもの。

正直言うと，今まで「理科」が大嫌いでした。でも，高校入ってから，物理と化学に分かれ，物理はすごい授業がわかりやすく，そのうえ楽しい!! たまーに息抜き授業もあってとにかく最高！LOVE！という感じです。私は，先生がみーんなこんな先生だったら，もっともーっと毎日が楽しくなるのにな，と内心思っています。(坂井莉帆)

なんだか自慢っぽくてスミマセン(汗)。でも，他人から見たら「まったく，いろいろ遠回りして…」と思われるかもしれません。けれども，ボク自身はこんな遠回りな自分も，今振り返ると結構好きに思えたりします。

ボクだけじゃなくて，みんなも，その時は「うまくいかないな」「シマッタな」と思うことでも，後々になれば，結果的には良かったと思えることがあるんじゃないかな。

● 進路選択に順位はあるか

みんなも，これからの進路選択などで，何度も〈選択〉をせまられると思います。その，さまざまな〈選択肢〉のなかに「進路としてはこれが一番いい」という序列（順位）はあるのでしょうか。〈大学進学がいいに決まっている〉とか〈民間企業就職がいいに決まっている〉ということはあるのでしょうか。

そういう序列があれば迷うことがなくていいのかもしれませんが，進路選択にそんな序列はないようです。それぞれの進路に，それぞれのいいところがある。結局はみんなが〈さまざまな選択肢の中から自分にあった道（進路）を探す〉しかないようです。

「自分にあった道なんてわからないよー」「そんなの，15歳の今に考えさせるなよー」と思う人もいて当然です。そんな人は，急に楽観的な言葉に聞こえてしまうかもしれませんが，「とりあえず，今はこっち！」という気持ちで，今思うことを〈とりあえず〉決めてもらえればと思っているのですがいかがでしょうか。今決めた進路から変更する機会があるかもしれないけれど，長い人生，それだってステキな人生だと思うのです。

＊

　さて，次は大きいテーマの話。〈夢〉と〈大人になること〉についてです。

●夢をもつこと

　最近見たテレビで，コピーライターの糸井重里さんが俳優・中井貴一さんとの対談の中で，「夢をもつこと」について話をしていました。

糸井　ボクは小さい夢ほどいいと思っている。〈本気〉になれるから。夢が大事なんじゃなくて，〈本気〉が大事なんだ。だから，「世界一になるぞ」って，大きい夢を言う時に，半端に夢をもった人は英語を習い始める。
中井　習おうと思っているんだけど……（笑）。
糸井　（笑）……「あの子をものにする」でも，「両親に家を建てる」でも，「大きい会社に勤める」でも，ほんとに本気になったときには〈風の中〉に出て行かなきゃならない。「世界一のお金持ちになる」って言ってる頃は〈風の中〉に出てかなくてすむんですよ。遠すぎるから。
　みんな夢があって，夢というのを〈設計図〉だと思っている。設計図って「型」だから，そんなもの描けっこない。知識ないんだから。つま

り「空飛びたいな」って思った時に飛行機の設計図描けないですよ。だったら，まず「俺は空飛びたいってなんで思ったの？ 何それ？」っていうのを，問いかける自分が作れるかどうかが大事なんじゃないか。で，「本気か？」といったとき，「オレ嘘だったー」って気づくと，ほんとにおもしろくなる（笑）。

中井　多いですよね。「あー嘘だった（笑）」って思うことが。

糸井　問題は〈夢〉とかっていう以上に，〈今いる位置での問いかけ〉の方が，やれることもイメージできることも増やしてくれる，そんな気がしますね。（NHK番組「SWITCH対談　中井貴一＊糸井重里」より）

　糸井さんは，〈でっかい夢〉よりも，〈ちいさい夢〉，そして〈今いる位置での問いかけ〉が大事ではないかと語っています。

　科目を選択できる最後の機会で悩むかもしれない。科目選択が終わっても，進路選択でまだまだ悩むかもしれない。けれど，そうやって**〈高校一年生の自分に問いかけている時間〉**こそが，とても大事なのではないか。糸井さんの言葉を聞くと，そんなことを思うのです。

　ところで，教育学者の板倉聖宣さんも，こんなことを書いています。

"ボーイズ ビー アンビシャス"なんてとんでもない

　ぼくのきらいなことばのひとつに「ボーイズ ビー アンビシャス——少年よ，大志を抱け」というのがあります。あれ，ぼくはきらいなのです。そういう夢はいやだなあと思います。せのびしてくたびれちゃう……。ぼくは「大志は抱きたくないなあ」と思うのです。大志は抱かないで少志……ささやかなる夢を描きたい。「あした，こういうことをしたいなあ」「きょう，おいしいものを食いたいなあ」とかね。こういう，「何かぼくの力でできることがあったら，それをや

りたいなあ」といった夢を描くのが，いちばんいいんではないか，と思いますね。〔中略〕／「ボーイズ ビー アンビシャス」なんていうことばは，明治時代にいわれたことばですが――明治というのは天下国家をしょって立つという時代ですから，それはこういうことばがぴったりしたような気もするんですが，今なおそういうお説教をする先生もいるようだし，自分自身もそう思って一生けんめい努力している先生もいる……しかし，ぼくはくたびれちゃうからやらないですね――ある意味でぼくが今までにいろんなことができたとするのであれば，それはぼくがまったくというほどにアンビシャスを抱かなかったということにあるんじゃないか，そのことが，ぼくにとってたいへんプラスであったような気がするんです。（板倉聖宣「他人が描いてくれる夢のおそろしさ」『私の研究論と組織論』仮説社，1988より）

　大きすぎる夢がある人は，今度は小さい夢，ささやかなる夢を考えてみてはどうでしょう？　夢なんてさっぱりわかりませーんという人は，板倉さんに便乗して，「明日こういうことをしたいなあ」「何かぼくの力でできることがあったら，それをやりたいなぁ」というのを考えてみてはどうでしょう？

＊

　さて，次は「大人になること」について。岩波科学教育映画の監督・シナリオライターの牧 衷（まきちゅう）さんが中学生に対して行った講演記録の一部を紹介します。

大人になるということ

　……自分はイヤなことをやらされていると被害妄想にかかっていると，人間がいじけてまいります。人間はやはり自信を持っていか

なければいけないです。自分に誇りを持っていなければいけない。その自信というのはどこから来るかというと、それはうぬぼれから出て来るんですね。はじめはうぬぼれと自信の区別なんかつきません。うぬぼれる。

その結果について、みんなに馬鹿にされ、お父さんお母さんに叱られる。これは自分が決めたことですから、いくらそういう目にあったってそんなことをぶつぶつ不満に思っちゃいけないですね。当たり前です。要するに大人になるということはそういうことなんです。みなさんちょうど今から大人になる時期を迎えます。これからはそうじゃない。<u>自分でいろいろなことを選ぶ自由が得られる代わりに、その自分で選んだ結果起こったことに対して潔くなければいけない。ぶーぶー言うようでは大人とは言えない。</u>

威勢のいいこと言いましたけれども、大人の中にも大人になりきれない人はたくさんいるんです。そういう大人になってもらいたくない。そういうめめしい人間はいくらいても役に立たない。というより、そういう人は生きていくことが楽しくならない。自分のことは自分で決めるということはそういう覚悟があってやることです。そうでなければ甘え子でいた方が世の中に害が少ない。でもそれではおもしろくないですね。生きている甲斐がない。生まれたからには自分でなければ出来ないことやりたいですね。<u>自分でなければ出来ないことやるとなると、それは必ずしも世の中の人や家族の人がみんなが認めてくれるかどうかはわからない。それと違うかもしれない。その場合でも自分のやりたいことをやってほしい。私はみなさんにそういうふうにお願いしたい。その結果自分に不利益が起こったとしたら、そんなものは笑って引き受ける。</u>

(牧 衷「講演 生きる楽しさ・学ぶ楽しさ」『高校版 たのしい「進路室」だより 2012年版』増田伸夫編，上田仮説サークル，2002 より)〔下線は高野による〕

　この文章を読むと，〈自由〉というのは，とても厳しいことでもあるんだね。そう考えると，みんなは「他の普通科高校や，進学校の高校生より，よっぽど大人なんだな」と思います。だって，自分で科目や進路を選んで，その結果に自分で責任を持つのですから。ボクの高校時代なんか，ほとんど選択しませんでした。とてもラクでした。

　科目選択，という意味ではいったん皆さんは「決断」をしました。でも，科目選択の後は，高卒後の進路を考えていく必要があります。みんなの担任でいられるのは，残り数ヵ月。相談があったら話は聞くし，ボクが調べるべき情報は調べるので（自分で調べた方がいい情報は自分で調べよう！），最終的には〈自分〉で進路を決めて欲しいです。そして，その結果に対しては，自分で責任を持つ。牧さんの言葉を借りると，それが，大人になるということなのかな。

　朝，バスに乗っていると，後ろの学生二人が，「担任が○○の科目取れっていうから取ったけど，マジ後悔〜」とか，「親が将来△△になれっていうから，科目も親の言う通り取ったけど〜」みたいな話をしているのが聞こえてきました。でも，こういう考え方，ボク嫌いです。他人を言い訳の理由にしないで欲しい。自分で決めて，自分で責任を持ってほしい。それが担任としての願いです。

●ウルサイ大人もいるけれど

　一方で，「自由に生きたいのに全然自由じゃないよ〜。先生はノート書けとか，提出物出せとか，ゴチャゴチャうるさいジャーン」と思

う人もいるかもしれません。そんなところが，高校という場所がまだ〈大人と子どもの中間〉ってカンジの環境かもしれません。でも，提出物にウルサイ先生は，先ほどの〈自由〉と〈責任〉の考え方をすれば，「進級する（2年生に上がる）責任を，ヤサシイ先生が肩代わりしてくれている」と言えるのかもしれません。高校は義務教育ではないから，「留年だって，退学だってお好きにどうぞ」と本当は言えるところだけれど，実際は学校の先生だって，留年も退学もさせたくはないのです。宿泊研修関係の提出物だって，「はい，提出物間に合わないからアナタは不参加ね」とバサッと切りたくなかったのです（だからついつい，しつこくなっちゃう…）。

　ウルサイ先生には，ついイラっとしちゃうだろうけど，「責任を肩代わりしてくれている」と思うと，少しはやさしくなれたりしませんか？（やさしくなれたら，大人になった証拠⁉）　　　——おしまい

〔追記：2017.12.25〕
　後日，この文章に関して生徒からこんな感想をもらいました。

> 〈自由〉について先生の思ってること，すごい心にきたんだ〜。「他人を理由に言い訳をしないで欲しい。自分で決めて，自分で責任を持って欲しい」ってゆーやつ！　私の2017年の目標の一つに「絶対に人のせいにしない」ってゆうのがあるんだけど，まさにこれ！〔中略〕先生は最初教師になるなんて思ってもなかったワケだし，人生色々ですな。そういう生き方もあるよナァ〜っておもうし，まちがえてもいいって思うし，正解はないんだろうけど，それでも決まらないです，進路（＾ν＾）HAHA（菊池来夢）

授業して感謝されるシアワセ
◆感想文に並んだ「ありがとう」の言葉

●授業書《力と運動》との出会い

　今勤務している高校は，給食がありません。生徒たちはみんなお弁当や購買で昼食を済ませます。一方，職員室にも，お弁当屋さんが売りに来てくれます。ボクは毎日そのお弁当を買っていて，売り子のお姉さんと雑談するのが毎日のたのしみ。

　あるとき，そのお姉さんと「高野先生は何の授業を教えているんですか？」なんて話になって，ボクは「さっきは物理の授業でしたよ」と言うと，お姉さんは「えぇ〜，私，物理だけはニガテでさっぱりわからなかったんですよー。嫌な思い出しかないですねぇ」と一言。ボクは「数字と公式ばっかりな授業だとツラいよねぇ」なんて話をして，からあげ弁当を買ってその日の雑談は終わりました。

　たしかに，「物理なんて，ゲロゲロ〜」なんて印象を持っているオトナもきっと多いハズ。ボクも，理科の先生になろうと思った時，専門科目を選ぶ際に，「物理なんて教えるのツマラなそう。やっぱり化学の先生がいいかもな〜。いや，地学かな〜」なんてことを思ったものです。

　でもそんな迷いがなくなったのは，教員免許取得のために受

けた「理科教育法スクーリング」の中で，仮説実験授業の《力と運動》という授業書を体験したからでした。

当時，自分の専攻をどうするか悩んでいたボクでしたが，この授業書を体験して，「こういう内容なら物理をたのしく教えられそうだ」と感動して，物理専攻に進むことに決めたのでした。

● 「ありがとう」って言いたくなる!?

さて，話は戻って物理の授業。ボクの迷いを断ち切ってくれた《力と運動》の第2部「慣性の法則と相対性原理」を終えたところでした。1年1組の感想文を振り返ってみていると，感想文の中に，たくさんの「ありがとう」があふれていたのです‼ そのときの授業書の内容と，生徒の感想の一部を紹介します。

〔問題4〕 おもちゃの車があります。上の筒からバネ仕掛けでビー玉を真上に打ち上げるように出来ています。

この車が一定の速さで走っているとき，筒から打ち上げたビー玉は，どのへんに落ちてくると思いますか。

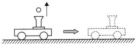

ア．筒よりも前（進行方向）に落ちる。
イ．筒より後方に落ちる。
ウ．筒の中に落ちる。

「車が動いている状態で真上にビー玉を投げたら」という問題が，予想外でびっくりしました。きっと慣性の法則なんだろうし，実験も見てたけど，どうしてそうなるか今でもわからないです。でも勉強になりました。今日の授業もたのしかったです。**ありがとうございました。**（中村未来）

2年目　授業して感謝されるシアワセ　　113

> おもちゃの車が進んでいるときに真上に投げたら元に戻ってくるかこないかっていう問題は絶対戻ってこないと思ってたのに戻ってくるし，予想と違ってびっくりした。教室の授業より印象強くなって覚えやすいし，物理教室の授業〔＝仮説実験授業〕の方がスキ!! **ありがとうございました！わーい＼(^^)／**（齋藤佑希）

〔問題5〕　2つの同じビー玉A，Bがあります。Aはそのまま下に落とし，Bは真横に打ち出すことにします。これを同時にやったら，どちらが先に床につくと思いますか。

ア．Aの方が先につく。
イ．Bの方が先につく。
ウ．同時につく。

> 慣性の法則は，物がその速さを保とうとする法則だと思っていたけれど，保とうとするのではなくて，その速さで居続ける法則と知ってびっくりしました。問題5の真下に落ちるビー玉と真横に飛び出すビー玉が，同時に発射されると同時に地面に落ち，きれいに音がそろっていたのですごいと思いました。**ありがとうございました。**（菊池茉那）

〔質問1〕　落下していく途中のビー玉にはどんな力が加わっているのでしょうか。図のそれぞれの位置にあるビー玉に加わる力の矢印を書き入れてごらんなさい。

ガリレイの相対性原理

いつも同じ速さで動いているものの中でものを落とすとまっすぐ下に落ちます。また、ボールを前へ投げても後ろへ投げても同じようにとびます。乗り物の速さがいくら速くても、いつも同じ速さでまっすぐに走っていれば、止まっているときとまったく同じになるのです。そこで、どんなに速い乗りものに乗っても、ゆれたりすることがなければ、（外をのぞかないと）まったく動いていないのと同じように思えます。飛行機が高い空を飛んでいるときなど、近くに何もないので、いくら速く飛んでいてもまるで動いている気がしないものです。

地上にいる私たちは、「地球」という乗りものに乗って、いつもものすごいスピードで走っています。それなのに私たちがそのことにまるで気がつかないのも同じことです。地球はいつも同じ速さで動きつづけていて、ゆれたりすることはないので、動いているのに気がつかないのです。〔中略〕

こんなことが起こるのは、いつも同じ速さで動きつづけているものの中（うえ）では、止まっているものの上とまったく同じ運動の法則が成り立つからです。つまり、相対的に（相互に）同じ速さで動いているものの中（うえ）では、止まっているものの上とまったく同じ力学の法則が成り立つのです。

これは、自然のなかでももっとも根本的な法則（原理）ということができます。そこで、この法則のことを「ガリレイの相対性原理」といいます。

力の向きが思っていたのと違ってビックリ。地球が回っているのは知っていたけど、あんなに速い〔＝時速1300〜1400㎞〕とは思わなかった。私たちの日常のことを例として取り上げてくれたのでとてもわかりやすかった。**ありがとうございました。**（渡邊聖子）

2年目　授業して感謝されるシアワセ　　115

今日の授業で一番心に残ったのは，力の矢印をゆきちゃん一人が合ってたこと。地球がずっと同じスピードで自転しているのも大切なことだとわかりました。**ありがとうございました♪**（鎌田萌瑠）

〔問題8〕　ターンテーブルの上に図のようなわくをとりつけます。そして，うえからおもりをひもでつるして，回転の中心の真上におもりをひもでつるして振り子にします。
　いま，振り子をわくと同じ方向にゆらせておいて，ゆっくりテーブルを回したら，振り子のふれる面はどうなるでしょう。

ア．わくと同じように，振り子のふれる面も動いていく。
イ．わくが動いても，振り子のふれる面はかわらない。
ウ．そのほかの考え。

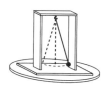
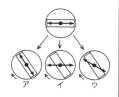

ターンテーブルが動いてもふりこは動かないと聞いて，実際にそうなって，知らなかったので勉強になりました。**ありがとうございました。**（伊勢歩美）

　このほか，「自分の予想はまちがっていた（予想がはずれた）けど，たのしかった」「ありがとうございます」という感想もありました。

今日もたのしかったです。どうやら私は，力のことに対していろいろ誤解をしているようでびっくりしました。**ありがとうございました。**（菊池茉那）

ほぼすべての問題の答えが間違っていて，全然理解できていないんだと思いました。解説をきくと，「なるほど」と思うことが多かったです。やっぱり実験があるとたのしいし，わかりやすいです。**ありがとうございました。**（坂本汐音）

最初の実験は予想を外してしまったけど，その結果を見て，その後の実験は「さっきのがこうだからこうなるのかな」って想像ができて楽しかったです。**ありがとうございます。**（北構亜美）

●授業して感謝されるシアワセ

　感想文に並ぶ，たくさんの「ありがとう」の言葉。1年間の最後の授業でもなければ，スペシャルな授業をしたわけでもありません（汗）。ボクはとってもうれしい反面，なんだか少し戸惑ってしまったのです。こんな感謝の言葉をもらっていいのかな…と。

　勤務日数から考えると，ボクは1日1万円ぐらいもらっている計算です。以前のボクは，「仕事というのは，多少ツラくても，たのしくなくても，お金をもらっているから我慢するもの」と思っていました。実際，民間企業で営業の仕事をしていた5年間，ボクはそんな気持ちで平日は仕事をして，土日は仕事のことをすっかり忘れる，という日々を過ごしてきました。だから，当時は仕事の中で感謝される場面があっても，長時間働いて残業もしてたりするわけだから，「いえいえ〜」なんて言いつつも，心のどこかでは「まぁ感謝されて当然だな」なんてことを思っていたような気がします（傲慢だなぁ）。

でも，今回の「ありがとう」はちょっと違います。おみやげを用意したわけでも，たくさんお金をかけたわけでも，食べ物をあげているわけでもなくて（なんせ《力と運動》の授業），むしろ，ボクがやりたい教材に生徒につきあってもらっているのです。だから，こんな感謝の感想文をもらうと，「いやいや，そんな…。感謝されちゃっていいのかな」「これでお金もらっていいのかな」という，うれしい戸惑いを感じたわけです。

　世の中のウン万という職業の中で，直接「ありがとう」と言ってもらえる職業はどれぐらいあるのでしょう。仕事というのは何でも，回りまわって誰かの役に立っていると思うのだけれど，それを直接感じることができる仕事＝教師の仕事というのは，やっぱり素敵なことだとボクは思うのです。

　やりたいこと（＝仮説実験授業）をやっている自分。こうやって感謝されることもあるけれど（きっと，とってもシアワセなことなんだろう），アタリマエなんて思わずに，今の気持ちはこれからも忘れないで，これからも仮説実験授業を続けていきたいなと思うのでした。

「何で先生は厳しくないの？」
◆放送部のインタビューを受けて考えたこと

●生徒からのインタビュー依頼?!

　先日，ボクの担任クラスで放送部に所属している高校1年の女子生徒から，「先生をインタビューしてアナウンス大会の原稿にしたいので，放課後，放送室に来てもらえませんか？」と，インタビューの依頼を受けました。話を聞くと，テーマは何でもよいらしく，この子は，ボクがちょくちょく東京に行ったり，"サークル"で何か発表したり，"講座"とやらの講師を担当するという話を聞いたりして，「この先生はなんだか原稿になりそうだ」と判断したようです（笑）。

　このとき受けたインタビューの質問内容は，以下のとおりです。

Q. 先生はなぜ物理を教えようと思ったのですか？
Q. なぜ会社を辞めて学校の先生になろうと思ったのですか？
Q. 先生はたまに東京へ何をしに行っているのですか？
Q. 先生は他の先生に比べて厳しくないけれど，どうしてですか？
Q. これから先生を続けていくにあたっての意気込みを。
Q. 職員室の先生の中で，仲の良い先生は誰ですか？

2年目 「何で先生は厳しくないの？」

「なんだこりゃ？　これが原稿になるのか？」とフシギに思ったりもしたのですが，気になったのは次の質問でした。
「先生は他の先生に比べて厳しくないけれど，どうしてですか？」
この質問にスパっと答えることができなかったボクは，いくつか考えられる答えを列挙して，原稿になりそうなものを選んでもらうことにしました。

●ボクが答えた内容
（1）ボクだって，本当に厳しくする必要性があるときは厳しくなる。けれども，本当は厳しくする必要性がないような場面でも，厳しくしている先生もいるんじゃないかなぁ。ボク自身は，厳しくする必要性がない時には，無理して厳しくする必要はないと判断しているだけなんじゃないか。
（2）すぐに怒る人は，「何か問題が起きた時，〈厳しく怒る〉という選択肢しか持ち合わせていない」からじゃないか。仮説実験授業の問題を考えるときのように，「ア．怒る。／イ．ほっとく。／ウ．ほめる。／エ．黙って話を聞く。／オ．その他」など，いくつかの選択肢を考えて，怒る以外の選択肢の方がうまくいきそうなときはそちらを選んでいるのではないか。
（3）組織はオーケストラみたいなもんで，ラッパでメロディを吹く人もいれば，ベースで低音を支える人もいれば，ハープみたいにやさしい音を奏でる人もいる。ラッパだらけのオーケストラじゃ，耳も痛くなってくるでしょう。各々の楽器に

いろいろな役割があるように，ボクはハープを担当しているんじゃないか（笑）。だから，誰もラッパを吹く人がいないオーケストラだったら，僕もラッパを吹く（怒る）んじゃないかな。できればハープを担当したいけど（笑）。
（４）こういう話をすると，「高野はもともと穏和だ」と思えるかもしれないけれど，ボクは小学校の時，所見で「短気」ということを書かれた記憶がある。性格もあるかもしれないけれど，考え方（発想法？）や環境によって穏やかにもなるんじゃないか。

こんな話をすると，彼女は「（３）のオーケストラの話を原稿にします」と言っていました。
一方，ボクはというと，この話をしながら『たのしい生活指導』という本で読んだ次の文章や，最近生徒からもらった感想文のことを思い出していたのでした。

石塚　たとえば，ぼくが所属している学年は，無理強いする人がほとんどいないんです。「したくないことは，せず・させず」（牧衷『運動論かるた』季節社）という感じだから，生徒に向かって強く出ることのできる人もいますけど，突撃は苦手だという人もいて，共存しています。お互い，「人それぞれのやり方でいいじゃないか」という感じでやっていると，大変なときにはかえって学年全体がまとまってやりやすいなぁとつくづく思っています。〔中略〕ある場合は「静かにしろ」と厳しく言って，静かにさせなければいけない時だってあるでしょう。その時はそうできる方がいいと思いますよ。いろんなタイプの人がいるといいみたいですね。

小原　たとえば，突撃型の人が怒鳴った後に，ぼくたちがボソボソとついて行くということで，ぼくらもその人も何となく存在理由があって，それぞれにガンバッているということになるじゃないですか。突撃型と突撃型じゃない人が，敵対関係になる必要はない，仲良くやれるというのが，ぼくたちの学年の一つの実験としてはありましたよね。〔当時，石塚さんと小原さんは同じ中学校に勤務していた〕

石塚　子どもひとりひとりについての対応でもそうです。教師にとって，それぞれ「得意なタイプの子ども」っているでしょ。それで，ある教師が子どもと仲が悪くなったときに，「ちょっと待って。後はぼくの方で対応するから，まかせてください」と，バトンタッチしてきました。「直接の対応はニガテ」という先生でも，担任の代わりに陰で手のかかる子どもに手紙を書いたり，うまく聞き役になったりして，その子の担任の先生を助けたりしてくれます。表面だけでは教師の役割はわからないですよね[1]。

　この文章の中で，石塚さん（東京・中学校）は見通しがない〈厳しい指導・毅然とした指導〉を「突撃ラッパ」と喩えています。また，それとあわせて，厳しく指導する人とできない人はそれぞれ役割があると書いています。ボクはこの文章がとってもしっくりきて，石塚さんをマネて，「オーケストラ」と喩えてみたのです。

　もうひとつ紹介するのは，高校３年生がボクの１年間の授業を振り返って書いてくれた次の感想文です。

---

(1) 石塚 進「突撃ラッパは大ケガのもと」『たのしい「生活指導」』所収，1999，仮説社。なお，引用にあたっては会話文の話者名を補っています。

> 1年生の頃はどんな授業なのかまったくわからないでただ何となく、この授業を取りました。でも、1番初めの授業で取って良かったなと思ったし，今でも思ってます（体育と同じぐらい楽しかった！）。苦しい授業は，ただ先生がひたすらしゃべってノート書いて…。そんなんじゃつまんないし眠いだけ。だからこの授業は，つまんない授業とは全く逆で，「何の授業？」って思うこともあったけど，それも含めて全部が楽しかった。先生も生徒と仲良しで，「そういうのも大切だな〜」と思った。たまに本当に眠たくて寝ちゃった時もあったけど，座学の授業で一番起きていることが多い授業（笑）。「先生によって授業がこんなに変わるんだー」と思ったし，高野先生で良かったです（笑）。寝てる生徒のことめっちゃ怒る先生，たまにいるけど，寝てる人も悪いけど，そんなつまんない授業してる先生も先生だと思うので，もっと高野先生みたいな先生が増えればイイのにと思いました（増えすぎ注意××）。
> 　この授業本当に大好き♪ あずさのわりにはたくさん書きました。ピース！（笑）。先生，卒業式一緒にカメラで写真撮ろうね。1年間ありがとうございました！（因幡梓）〔傍点は高野〕

　とってもうれしいことを書いてくれて思わずニヤけちゃうけれど，ボクが「そうなんだ！」とびっくりしたのは「増えすぎ注意××」という一言でした。「増えすぎ注意」＝「高野みたいな先生ばっかりでも困るだろうけどね」とも書いている（笑）。ハープだけの合奏を聴いても眠くなる，飽きちゃうみたいなカンジかな？（笑）

＊

　放送部のインタビューを通していろいろ考えた「厳しい人・厳しくない人」。幸いにも，今所属している学年は「共通歩調！

共通理解！」とうるさく言う学年ではありません。怒鳴る先生もいれば，静かに諭す先生もいる。でも，「なんで○○先生は毅然と指導しないんですか！」なんて雰囲気の学校もありそう。全員がラッパだったら，生徒にとってキツいんじゃかな……。

　できれば，自分と違う楽器（考え方やスタンスが違う先生）と一緒に，ハーモニーを奏でたり，相手にソロを吹いてもらったり，時にはユニゾンで同じメロディを奏でたりしながら，オーケストラのようにお客さん（子どもたち）に喜んでもらえるような演奏（関係？　指導？）をしていきたいな。そんなことを思うのです。（キザかな，笑）

〔追記：2017.1.7〕
　なんだかカッコつけてインタビューに答えているけれど，ほとんど「仮説実験授業の考え方」や今まで出会った先生の受け売りです（汗）。本文でも引用している『たのしい生活指導』という本は，生活指導・生徒指導の印象がだいぶ変わる内容が書かれているので，ぜひ一度手にとってみてください。

ボクの定番メニュー②
困ったときの「動物シール」

新米教師のボクにもマネできて
実際に役立った実践を紹介します

▶困ったときに

　教師になって、もうすぐ2年が経つ今日この頃。理科の授業を担当していると、「これは教えていて面白い！」「これはきっと生徒もたのしんでくれるはず！」という内容と、「これはうまくたのしさを伝えられないなぁ」「生徒も喜んでくれそうにないなぁ」という内容に分かれてしまいます。ツマラナイナァ…と感じちゃう内容も、工夫すればきっとたのしくなる要素はあると思うのだけれど、それはまだまだ勉強不足…。落ち込むこともあるけれど、まだ教師2年目！　ゆっくり増やしていければいいな。

　それでも、学習指導要領や教科書なんかを意識すると、教えておかないといけないし、現実問題として受験のために教えてもらうことを必要としている生徒もいます。たとえば、「物理基礎」の計算演習や、「生物基礎」のたくさん覚えなければいけない細かい専門用語…。でも、正直教えているボク自身が、〈修行〉みたいな気分でした（汗）。

　そんなボクが、少しでも意欲的に取り組んでもらうのに使ったグッズ、それが「動物シール」（汗）。

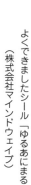
よくできましたシール「ゆるあにまる」
（株式会社マインドウェイブ）

なんて子どもっぽい方法なんだろうと自分でも思ったけれど，生徒も，ボク自身もなんだかたのしくやれたのです（笑）。

▶動物シールの活用法
① シールを買う（ボクは札幌LOFTで購入してます。100枚で200円くらい。）
② 授業で「今日は課題プリントを1枚完成させるぞ〜。完成した人は動物シールを1枚あげるから見せに来なさ〜い」などと指示する（以前，「獲得したシールは成績評価の材料の一つとして使いま〜す」などと，オドシのネタとして活用したこともあるが，シールへの意欲は〈成績〉をちらつかせた時とそうでない時とで違いが見られなかった…。）
③ 終わった子から，好きな動物シールを1枚選んでもらう。

たったこれだけの使い方ですが，ほとんどの高校生たちは意欲的に取り組んでくれます。たくさんの動物から選ぶために，早く課題を仕上げようとする子や，「○○ちゃんのためにゴリラは残しておこう」みたいな妙な人間関係？思いやり？が見えてきたり（笑），「2枚ちょうだいよ！」なんて甘えてくる子がいたり，「せんせい，ノートじゃなくて，私のスマホに貼ってもい〜い？」なんて言ってくる女子生徒もちらほら…（どのクラスにも数人いる）。

一方，課題の量，難易度にもよるけれど，1割弱の生徒がシールをもらいにこなかったり終わらなかったりするので（渡した枚数から数えればすぐわかる），個別に指導をしたり，一番早く終わった生徒を採点役にして，ボクが教えたり机間巡視したり，ということができます。

▶「なんだか幼稚っぽい…」と思った方に

ところで，この実践の先駆者は小原茂巳先生です。ボク自身，最初は「なんだよ〜，小学生みたいな幼稚な方法だなぁ」とバカにして，見向きもしなかった

のでした。けれど，小原先生は大学でもたまにこの動物シールを使っていて，講義を見学させてもらったとき，大学生が喜んでシールをもらう光景を目の当たりにして，「へぇ～，大学生でも喜んでもらったりするんだ」と驚いたものです。

小原先生は，シールを使うやり方について，こんなことを書いています。

> …ところで僕は，ときどき〈子どもたちや親が喜んでくれそうもないこと〉でも「シール宿題」に出すことがあります。それは，教科書の授業のときの「復習」問題です。子どもたちの中には，テスト対策のために，家で復習をする子どもたちがいます。そんな子どもたちに，「どうせやるならココをやるといいよ」というところを教えてあげたいのです。
> 「今日やった授業の内容を，今夜復習したい人は，この問題集の8～9ページをやるといいよ。僕のオススメです。やってきた人には，今度の授業の始めに〈動物シール〉を貼ってあげます！」

これが，子どもたち，結構やってくるんだよなー。教室の半数近くがやってきちゃうんです。家での勉強なんて大嫌いだった僕にしてみたら，驚きです。子どもたちに感心してしまいます。

僕は，「すばらしいね！よく勉強をやってきたね！」「えらいねー！」などと言葉を発しながら，子どもたちに「動物シール」を貼っていくのです。中学生たち，（シールを）結構喜ぶんだよねー。おもしろいね。(「こんな宿題なら喜んでくれるかも」『たのしい授業』2002年6月号，No.254，仮説社，51ページ)

実践してみると，ボクも似たような気持ちになりました。「アイツ，計算苦手なのに，友達と相談しあったりしながらよく頑張ったな～」「教えたアイツもエラいな～」といった驚きや感心の気持ちが起こるのです。シンドイ課題に対して気持ちよく授業をするための，とても素敵なグッズです。

▶ボクの使用状況・近況

 とはいうものの、シールばっかじゃお金もかかるし、生徒もきっと飽きてしまうし、シールへの魅力だって薄らいでしまうことでしょう。1年間を振り返ると、1クラスに対してシールを使ったのは年に4回ほどでした。これぐらいがちょうど良いかな…？

 やっぱり教師の役割として、魅力ある教材・内容を提供すること、高校生たち自身が「たのしい！」「わかった！」「進歩した！」と感じられる授業を1時間でも多く実践すべきだろうと思います。けれど、毎時間はまだまだ無理…。シンドイ課題だってやってもらわなくちゃいけない時もある…。そんな時の小技として、いかがでしょう？

▼ボクのお気に入りシール
左「プチプチ ゆるあにまる」／右「プチプチ ゆるふぃっしゅ」

⇒ 動物や魚のシールを使うと、ノートの中に動物園や水族館を作ろうとする生徒が出てきます…。

「番外編」ガイド

　この「番外編」では，ボクが教員免許状を取得するために入学した明星大学通信教育課程時代のお話（「そうだ，教師になろう！」）と，教師デビューしてから，普段どんなふうに「教科書の授業」を進めているかについて紹介したいと思います。

　なお，「そうだ，教師になろう！」は，『たのしい授業』2017年10月号～18年3月号まで連載された手書き原稿を再編集したものです。文中のイラストは，最終章「3年目」の色彩検定のお話に登場する三上文音さん（卒業生）が描いてくれました。お話の内容は，一部，「進路に悩んだボクだから」の内容と重複するところもありますが，ご容赦ください。

　また，明星大学の情報はボクが在籍していた当時のもののため，最新のものとは違っているところがあるかもしれません。参考程度にお考えください。

そうだ,教師になろう！①
◆高校時代から二度目の大学入学まで

● ざっくりな進路選択（高校〜大学時代）

　将来どうしたいか決まっていなかった高校時代。とりあえずまわりの友達と同じように大学を志望していた矢先，夏の金曜ロードショーで『天空の城ラピュタ』を見て，機械をいじる主人公・パズーに感動！「自分もあんな風になりたい‼」と，機械工学科に進路を決めたのでした。

　意気揚々と大学に入学。けれど，機械工学のキモである材料力学やたくさんの実験，製図の講義にボクはあまり興味を持てませんでした。パズーのように「機械をいじって誰かの役に立つ」なんて講義もありません（そりゃそうだ）。そんなわけで，卒業後に技術職・ものづくりの仕事を目指していいのかどうか，疑問を感じるようになっていたのでした。

　やがて，就職活動の時期が始まりました。ボクはいくつかの職種を受け，結局，音響・防犯設備メーカーの営業職に採用されました。

●民間企業にいた頃（2007年4月〜2012年5月）

「音楽が好き」という理由で音響メーカーに入社したのですが，配属されたのは「セキュリティネットワーク営業所」という防犯カメラやネットワークシステムを販売する部署（汗）。仕事内容は，代理店からの要望を聞き，システムを構築して見積作成，提案，納入立会い，現場調査，新商品のPR…etc。

希望部署とは違ったけれど，やりがいもありました。営業活動の中で，相手に感謝されたり役に立つ幸せを感じることができたし，自分の売上成績が上がっていくのは達成感もありました。

一方で仕事量は膨大……。仕事に慣れていなかった入社1〜3年目の頃，残業は毎月100〜150時間ほどになりました。休日出勤もたくさん。平日は23〜24時まで職場。得意先から電話を受けすぎて，朝受けた携帯の着信履歴が夕方には消えている，なんてことも…。まさに「仕事に追われている」感覚でした。

そんな仕事にも年を追うごとに慣れてきました。そして自分の時間にゆとりを持つことができるようになった頃，「このままでいいのかな〜」なんてことを強く思うようになりました。

ところで，ボクは入社1年目から，大学生相手に業務内容を説明したり，相談に乗る「リクルーター」という仕事にも関わっ

ていました。

「自分より若い人相手に仕事をする」「何かを伝える」

この仕事内容にボクはとても魅かれ，毎年たのしみにしていました（でも毎年，3月に数日だけの仕事，汗）。

「ずっと若者相手に仕事をしたいなぁ。そんな仕事ないかなぁ」

そんなことを考えていたら，いつしか「学校の先生」という仕事に魅かれるようになったのでした。

> でもなぁ，教員免許も持ってないし，教職の単位もないなぁ。それに何の教科を教えればいいんだろうな…。

あらためて自分の仕事内容を考えてみると…

> 音響・防犯設備 ⇒ 電気・音・波・光 ⇒ うーん理科っぽい！よ～し，理科の先生になるか～！

……そんなざっくりな理由で，理科教師を目指すことにしたのです。

●日本初！ 通信制の理科コースが開設される大学へ

教員免許状を取得するため，あれこれ調べてみると，平日にキャンパスに通うのではなく，郵送で提出するレポートと，夏・冬に行われる「スクーリング」（通信教育生が教室で講義・授業を受けること）で単位をとれる「通信制の大学」があることが分かりました。説明会に参加すると，「翌年から通信制の理科コースをはじめて開講します。日本初ですよ」とスタッフから説明を受けます。

「日本初！なんてタイミング！……神様が入学しろって言ってるんだ！」

そう思ったボクは入学願書を提出し，入学選考（小論文・面接）に無事合格。単位取得や教育実習期間のことが不安だったこともあり，5年間勤めた会社も退職し，第2の学生生活を，日本初の通信制理科コースが開設された「明星大学通信教育部」でスタートさせたのでした。

● 二度目の大学生活へ（2012年4月〜2014年3月）

こうして，ボクの第二の大学生活がはじまりました。といっても，通信制なので大学に通うことはほとんどなく，主にレポートや試験で単位を取得します。

入学手続き後，届いたのはテキストとレポート課題の山…（汗）。このレポートを仕上げながら，夏休み，冬休みに「スクーリング」という集中講義を受けて，教員免許取得を目指すというわけです。

ちなみにボクは大学時代にひとつも教職課程を取っていなかったので，2年間で約70単位ほど取得し，学費は40万円くらいかかりました。

● 明星大学通信教育課程の特徴

そうしてスタートした第2の学生生活。入学後，「通信制ってこんなカンジなんだ!!」とはじめて知ることがありました。

①人が多い……スクーリングに行くと,意外とたくさんの人がいます（食堂に行列ができるぐらい…）。夏には全コース合わせると1日何百人もの学生がキャンパスに集まります。「もう1回大学に行くなんて,よっぽど珍しい人だろう」と思って入学したのですが,そうでもなかったようです（笑）。

通信制で勉強をしはじめて「孤独に勉強する不安」に襲われ,単位を取るのが心配だったボクは,同じ講義を受けているまわりの人に声をかけて情報を交換しあった

り,悩みを共有しあったりしました。初対面だと緊張する性格だったのに不思議です（追い詰められたらなんとやら…）。

②学生の多様さ……「もう一度大学で単位を取る人たち」は,様々なキャリアを持つ人であふれてます。「現在 JR で働いている人」だったり,「現役で小学校の先生やってる人」だったり,「バンドやってる人」だったり。様々なキャリアの人たちと話すのはとても刺激的で,自然と雑談も長くなります（講義が終わって飲みに行くこともしばしば…）。

● 単位取得までの道のり

ひょっとしたら,「あら〜,じゃあ私も入学してみようかしら」と思った人がいるかもしれません。ここからは,ボクの単位取得までの道のりを簡単に紹介したいと思います。

①とにかくレポート……　フツーの通学制の大学では,1科目（2単位）に対して「15

週(90分)の講義＋試験」みたいなカンジだと思います。一方，ボクが通った明星大学通信教育部では，「課題レポート2本(2000字×2)＋科目修了試験orスクーリング」というカンジで単位を取得します。科目修了試験は年に8回あり，レポートを出さないと試験が受けられません。なので，とにかく「レポートを仕上げて郵送」の日々を繰り返します（レポートはいつ出してもかまいません）。

　仕事を辞めていたボクにはたっぷり時間がありました。そのため，「レポート1本(2000字)を1日で仕上げよう！ 2日で1科目仕上げたら，だいたい70日ぐらいで単位取得できる！」こんな見通しで学習を進めていたのでした（実際は半年ぐらい時間がかかりました…汗。レポート1本に1〜2週間かける人もいれば，1週間で20本ぐらい仕上げてしまう強者も！ 勉強するペースはさまざまです，笑）。

②試験は数打て……一方で悩んだのが「科目修了試験」でした。分厚いテキストから1〜2問出題され，50分の試験時間内に答案を埋めます(テキスト持ち込み不可)。困ったボクでしたが，フツーの大学と違って「試験に落ちてもまた次回（来月など）受ければいい」というシステムに救われ，何回も受けて合格しました。何回も受けていると，前回と同じ問題が出題されたりします（ねばり勝ちか？ 笑）。

＊

そうして，順調に単位を取得していき，入学して半年もすると時間に余裕も生まれてきました。そこで，9月からは中学校で「学習支援員」というアルバイトをしながら，教員採用試験の準備を始めることにしたのでした。

● 〈教育〉ってなんだろな？

　単位の取得は順調でしたが，一方で肝心の「どんな教師になりたいか？」「理想の授業を実現するためには？」
といったことはまだ見えないままでした。「教育原理」「教育心理」などの教職科目を勉強しても，「こんな教師になりたい」「こうすれば子どもから喜ばれる」というものがわからなかったのです。

　ちょっぴり悩んだりもしたけれど，当時28歳のボクです。

> そういや，理想の社会人とは？ 理想の営業マンは？ なーんて考えずに就職したよなぁ…。現場に出てから苦労して探し出していくものなのかな……。

　そんなオトナな割り切り方をして，〈教育〉についてそれ以上深く考えることもなく，とにかく「単位取得」のためだけに勉学に励むのでした…。

＊

　そんなカンジで勉強を進めていたボク。そして何コマ目かのスクーリング「理科教育法」で，ボクの教師人生を変える人に出会うのです。

そうだ，教師になろう！②
◆小原先生との出会いから教員採用試験合格まで

●運命の出会い

　明星大学通信教育部に入学して数か月。夏に受けた「理科教育法1」のスクーリングでのことです。ボクは，「この2日間の講義で単位が取れるぞ〜！」と，相変わらず単位取得のことしか考えていませんでした。

　講義が始まって教室に出てきた先生は，ニコニコしながら「朝から夜まで大変ですね。まぁキラクにやりましょうか」と始めました。その後，おもちゃを使って「自己紹介クイズ」をしたり，手品でアイスブレイクをしたりと，単位のことしか興味のなかったボクも，「あれっ？ この講義，なんだかフツーと違うような…」「この人は誰なんだろう？ この後どんな講義をするのかな」と，どんどん気になっていきました。その人こそ，この本に何度も登場している「小原茂巳」先生だったのでした。

小原先生が担当する理科教育法のスクーリングは，とても刺激的でした。「教材配列の話」「自分の主体性vs科学の主体性」「理科オンチ教師の良さは？」「授業とは何なのか」「学ぶとはどういうことなのか」「どうすればたのしい授業ができるのか」etc…。講義が始まるまで単位のことしか興味がなかったボクでしたが，一気に脳ミソがフル回転し始めたのです！

> こんなこと，考えたことなかった!! でも，こういうことこそ，ボクが学びたかった内容だ〜！

　そうしてボクは，小原先生を含む4人の先生が担当された「理科教育法1〜4」のスクーリングから，仮説実験授業を通して「教育とは何か」「教師の仕事をどう考えればいいのか」について，たくさん学ぶことができたのでした。忘れられない，あっという間の8日間でした。

● もっともっと知りたい！

　理科教育法のスクーリングを受けた後，ボクは「仮説実験授業ってナンダ⁉」「小原茂巳先生ってどんな人？」と，とにかく気になってきました。でも，もうスクーリングは終わっています。そこでボクは，小原先生が書いた著書『授業をたのしむ子どもたち』（仮説社）を読んで，そのヒミツを探ることにしたのでした。

　この本は，20〜30代にかけての小原先生

と中学生たちとの授業やその他のやり取りが
書かれたものでした。子どもたちが生き生き
と授業をたのしんでいる様子にボクは感動し
て,電車の中にも関わらず涙を流しながら読
んでいたのでした。

　この本に書かれている授業や考え方がもっと知りたい…。もっ
と小原先生が書いた文章はないだろうか…。気がつくと,ボク
は小原先生の著書の出版元である仮説社を訪れていました。

　はじめて訪れた仮説社(2012年当時,高田馬場にあった)は,
出版社とは思えない,なんだかよくわからない雰囲気(笑)。本
も並んでいるけれど,同じぐらいの量でおもちゃや実験道具も
陳列されています。そこはまさに〈たのしい教育〉を目指す雰
囲気があったのでした(2015年に巣鴨に移転してからは,談笑
するスペース「山猫ラウンジ」まであります)。

　ボクは,緊張しながら社員らしき人に話しかけました。

あの,小原茂巳さんの著書って店頭にあるだけでしょうか?
〇〇という本も探しているんですが,見当たらなくて……

あ～,そのガリ本はここでは扱ってないですねぇ。
小原さん本人が持っているでしょうから,電話してみま
しょうか。きっと喜びますよ

　なんとその場で小原先生に電話していただき,後日,大学で
小原先生から直接本を受け取ることになったのでした!(でも,
「ガリ本ってナンダ?…」)

●通学生向けの講義も見たい！

そうして後日，小原先生と大学の食堂で再会を果たしたボク。その横には，「理科教育法3」の担当をされた山路敏英先生もいます。本を受け取り，食事をしながら，仮説実験授業の魅力や，本の内容について話  をしました。また，通学の大学生には，スクーリングとは違った内容の講義をしているという話を聞きました。それを聞いたボクは，「通学生向けの講義はどんな内容だろう？ きっと学びがいがあるハズ‼」と興味をおさえられなくなり，思わず，ボクは小原先生にこんな相談をしました。

 先生‼ 通学生向けの講義も見せてもらえませんか⁉

通信の学生なのに，通学して講義を受けたくなってしまったわけです（笑）。幸い，教育実習のことも考え，仕事を辞めていたボクにはたっぷり時間がありました。

そうですか。じゃあ連絡を取り合ってどうするか決めましょうか。それと，見るだけじゃなくて，記録を取ったり準備の手伝いをするなんてどうでしょうかね？

こうしてボクは，週1回，見学兼助手（授業の記録係）という立場で講義を見学させてもらえることになったのでした。

●ボクが小原先生から学んだこと

　通信の学生なのに，通学生の講義も見学させてもらえることになったボク。初回は「理科」の講義（テーマは「自分の主人公であるために」）で，授業書《力と運動》の問題を通して，運動の法則を学び，あわせて「自分らしく科学を学ぶには」という深〜いテーマも考えました。講義の内容をたのしみ，小原先生の問いかけ方，振る舞い方も学び，たのしく，充実した講義でした。

　一方，見学にあたって「講義の記録をとってみたら」という小原先生からの提案には焦りました。どうやって記録を取り，文章にしたらいいのかよくわかりません。それに，文章もほとんど書いたことがありません。どうしよう…。

　迷ったボクでしたが，「テープ起こし」という記録の方法があることを知りました。「録音した講義の音声を文字化するだけかな？ それなら，時間はかかるけれど，文章センスもいらなそうだな」と思い，音声をWordにおこし，自分のコメントを入れて小原先生宛にメールしたのでした。すると，翌々日，こんな返信が届いたのです。

　　✉ 記録，ありがとうございます。第一回目の校正をすませました。読みやすくするために形式も変えました。内容については，高野さんの原稿素晴らしいです。あと，もっと高野さんのコメントの部分が多いといいです。たとえ授業の様子が全部載せられなくても，高野さんの感想なりコメントが多くあると，きっと読者も喜ぶと思います。

メールを読んでとても驚きました。なんと，ボクの記録のレイアウトや書き方などを校正して送り返してくれたのです。

こうしてボクは，小原先生の校正を通じて，テープ起こしのコツや読者に気持ちよく読んでもらう編集法まで学ぶことができたのでした。

● ボクと学生をつないでくれた「授業通信」

また，「初等理科教育法」という講義では，学生の模擬授業を見学させてもらうだけでなく，ボクのレポート発表の機会まで作ってもらいました。模擬授業の様子を記録して，ボクの見学コメントを載せた「授業通信（キャンパスレポート）」を，講義の最初に学生たちの前で読ませてもらうのです。

すると，見学者という立場のボクに対して学生たちが「私，授業通信に登場していました！ありがとうございました！」「今日の授業通信も面白かったでーす」といった感想を直接伝えてくれるようになりました。

通学生との交流が生まれたわけです。

　中には,「高野さん,私,もっといい写真あったでしょ!」と笑顔のクレームも(笑)。講義の最終日,最後の授業記録を読み終えたときには,大学生のみなさんからボクに向かってたくさんの拍手をいただくことができました。授業通信がボクと学生とをつなぐ大切なコミュニケーション手段になってくれたのでした。

　この「授業通信を毎週書いた経験」は,教師になった今も,とっても生かされています。授業の様子を思い出して,感想文を載せて,ボクのコメントを載せて,1～2ページぐらいの通信ならムリなく作れます。毎回は出さないけれど,授業をたのしんでくれた時ほど,つい出したくなってしまいます(^_^)。

　　＊＊＊＊＊＊＊＊＊＊＊＊＊＊＊＊＊＊＊＊＊＊＊＊＊

〔当時を振り返って――小原茂巳〕

　当時,僕が高野さんに「記録を書いてみませんか」と言ってみたのは,「記録をとってもらえるとうれしいな」という僕の願いもあったのですが,それ以上に,ただ見学するだけでなくて,見学記などを書こうとすると,〈高野さん自身が絶対に得する。イイことがある!〉と予想したからです。通信教育生なのにわざわざ講義を受けに来るというのは,ものすごく意欲に満ちているということです。そういうときこそ,見学記や学んだことを記録に残す。すると,きっとイイことがある。意欲が・感動があるところに発見があるからです。それを文章にすることによって,さらに〈見えてなかったものまで見えてくる〉。

　そんな僕の予想通り,高野さんの発見や感動や心の動きが見えてくる素敵な記録がどんどん生まれました。うれしかったです。

●サークルってナンダ!?

　また，小原先生から「サークルもやっているので興味があればどうぞ」とお誘いをいただきました。といっても，その時のボクはサークルのイメージが湧かず，「サークル？ 草野球かフットサルみたいなヤツ？ 年をとっても体を動かすことを大事にしてるんだな…」と本気で思ったのでした（笑）。

　ところが，ドキドキしながらサークルに参加してみると，もちろんスポーツするわけもなく（笑），たのしく教師生活を送るため，子どもに喜んでもらうためにはどうしたらいいか？ そんな内容をお菓子を食べながら笑顔でワイワイ話すような気楽な会でした。本格的な仮説実験授業の記録発表がある一方，「多くの教師が陥りそうな悩み相談」もあったり。サークルもとても学びが多い場でした。

　参加者のほとんどは現役で学校の先生をやられている人たち。けれど，学生だったボクも孤独を感じることはありません。「よく来たね〜。前は何の仕事を？」「板倉先生の本を読もうとしているの？ エラいね〜。たくさんあるよね（笑）」「見学して書いた資料，とてもイイよ〜」と，声をかけていただいたのでした。

　サークルの居心地の良さ，それは「参加者たちがステキな人たちだから」という理由もあるだろうけれど，たとえ初対面でも，年齢が離れていても，「仮説実験授業をやりたい・学びたい」「た

のしく教師生活を送りたい」という気持ちが共通にあって、そこにアタタかさがあるからではないか…、そんなことを思ったのでした。

●いよいよ採用試験…

さて話は戻って、教員免許取得のために必要な単位もすべて取得し、いよいよ採用試験の時期になりました。当時29歳だったボクは、「なりふり構っていられない！」と、地元の千葉県を含め、北海道、神戸、名古屋を受験！ 結果、縁もゆかりもない北海道だけ合格…（汗）。

当時、「試験日程が一番早いから練習に最適！」という理由で北海道を受験していたため、この結果にはさすがに悩みました（笑）。けれど、場所がどこであれ、教員として正式採用されるのは魅力的です。どこに行っても生徒はいるわけだし、クマや牛に教えるわけじゃないもんね（笑）。それに仮説実験授業研究会の会員名簿を見てみると、北海道にはたくさんの会員の方がいて、なんだか頼りになりそう！ いまは格安の航空便もあるみたいだから、関東に戻ってくるのもそんなに大変じゃないかな…。

――こんなふうに一通り迷った結果、ボクは北海道で教師生活をスタートすることに決めたのでした。

(おしまい)

教科書授業，どうしてますか？
◆少しでもマシな授業を目指してボクがやっていること

●授業の大半は教科書を使ってます

　この本では，主に仮説実験授業やものづくりなどの「たのしい授業の実践」を中心にしたエピソードを紹介しています。けれども，「毎回こんな授業をしているか？」と聞かれると，そんなことはありません。持ち授業にもよるけれど，他の先生と授業を分け持って担当する際（試験は共通問題）や，担当科目が生徒の受験に必要な場合など，生徒たちが「教科書の知識を知っておかないと困る場合」は，一年間を通しての教科書授業の比率は全体の7割ぐらいを占めているのではないかと思います。

　けれど，授業の大半の時間を占める教科書授業について，ボク自身，ほとんど文章を残してきませんでした。教科書授業に対して生徒から評価（感想文）を聞くこともないし（だって自信がないんだも〜ん　汗），特に書くべきことも思い浮かばなかったからです。

　その一方で，1年間の授業の最後に「1年間の授業をふり返って」という題で生徒たちに感想をお願いすると，しばしばこんな内容のことが書かれていました。

入学当時，物理という授業がどういうものかわかりませんでした。高野先生が「こういう授業だよ」と教えてくれたとき，「絶対ニガテだな」と思いました。けれど，今となっては5教科の中で唯一の評定5は物理だけです。<u>授業が毎回あれだけたのしいのに，試験の点数が取れるのはなぜだろうか</u>，とテストの時毎回思います。高野先生の授業は今までの先生の中で一番おもしろいですよ！　先生は自分に自信を持って，これからもたのしい授業をしてくださいね！（高橋亜海）

1年間お世話になりました。とってもたのしい授業ばかりで，<u>1回だけではなく，1年間を通して物理はたのしくておもしろい授業でした</u>。いろいろな事を考えて授業を進めてくれてありがとうございました。2，3年で理科系を選択していないので，高野先生の授業を受けられなくなるのは少しだけさみしいですね。（山崎朝日）

　こんなふうに，教科書授業も含めて「たのしかった！」と書いてくれる子も意外と多いのです。「ホントかな～？　なんでかな～？」と思い，反対に「教科書授業はちょっと…」という子の感想を探してみると，こんな内容のものが見つかりました。

計算とかは正直おもしろくなかったけど，普段の授業とか教室でやる実験〔＝仮説実験授業〕とかはめっちゃたのしくて，だから，<u>「計算が終わればまたたのしい授業ができるんだ」</u>とはげみにしながらやってました。高野先生の授業は他の科目と違って，とてもたのしかった。よく出張に行って授業の研究をしているだけに，すごいわかりやすいし，ノリも良くて，とてもいい授業で飽きませんでした。（畠山　廉）

教科書の授業では難しい公式もたくさん登場するし，受験で困らないように計算問題を解くこともたくさんやりました。畠山君は，そんな計算の時間を「おもしろくない」と言いながらも，「〈たのしい授業〉のために耐える！」という気持ちで頑張ってくれていたようです（笑）。
　つまり，ボクの教科書授業は「〈たのしい授業〉を提供しているおかげで，たとえツマラなくても，なんとか勘弁してもらっている」というカンジなのです…。

● ボクが心がけていること
　とはいうものの，教科書授業を含めて「1年間良かったよ！」と書いてくれる生徒の感想もあることだし，ボクだって「できれば教科書授業もたのしく，気持ちよく受けてもらいたい」という思いもあるので，現時点でボクが教科書で授業する際に意識していることを紹介したいと思います。

①まずは〈たのしい授業〉の時間の確保を！
　一見すると教科書授業とは関係ないように思えるのですが，時間数は少なくても，仮説実験授業をはじめとする〈たのしい授業〉が生徒に与える〈イイ印象〉（「授業がたのしい！」「科学の法則がわかるようになった私ってイケてる！」等の経験）は，教科書授業を含めた1年間の授業全体にも影響しているカンジがします。たとえば，「勉強なんてキライだ‼」といつも公言していた僧都君は，畠山君と同じように，こんな感想を書いてくれていました。

> 教科書授業ははっきり言ってめんどくさかったし，つまらなかったです。ですが，他の先生とは違う「何か」があったため，全くやる気が起きない，やらない…というまではいきませんでした。一方，みんなで意見を言い合って実験で決着をつける仮説実験授業は，特に他の先生とは全然違う授業のやり方で，科学に対して興味を持つことができたし，何より楽しかったです。冒頭で「教科書授業はツマラナイ」と書いたけれど，教えてくれた先生には感謝しています。本当にありがとうございました。（僧都祐太）

 こんな感想を読むと，やはり「時々でもいいから，〈子どもたちに喜んでもらえる教材〉を提供することは大事なんだなぁ」と思うわけです。また，そういう教材は教師自身のためにもなるはずです。授業を通して子どもたちの笑顔や成長を目のあたりにすると，子どもたちをつい好きになって，結果，いつの間にか教師も授業に対して意欲的になれる気がするからです。

②ポイントをしぼって！
 〈たのしい授業〉の時間を確保すると，必然的に教科書授業に割く時間は減ることになります。これはデメリットのように感じられるけれど，この〈ポイントをしぼって教えよう〉という意識は教科書授業を進めていく上で有利にはたらくようです。
 もう少し具体的に言うと，ボクの場合は「あらかじめ考査問題を先に作っておく」という方法だったり，「事前に問題集を読んで，その問題集に登場するキーワードを教科書の方に書き込んでおき，そこは絶対に落とさない（逆に，大事でない部分は積極的に落とす）」なんてことをしています。結果，教科書授業の

時数は少なくても，定期テストの平均点は良かったりします。

高野先生の授業は他の先生の授業と違って遊び感覚で受けられて，とても楽しかったです。そんな授業だったのに，考査対策はしっかりしていて，テストは割と点数が取れたので，とても感謝しています。（石崎美寿輝）

③テストを有効活用！

　ただし，いくらポイントをしぼって授業をしてみても，生徒たちに「私，○○ができるようになった！」という成功体験（＝自分の進歩が感じられる体験）がないと，なんだかシンドイ気がしています。そこでボクの場合，ポイントを伝えた後は，「問題プリント」を配り，解いてもらっています。そして，「まったく同じ内容」で次回に小テストをしています。こういうテストであれば，「どこをどんなふうに勉強すればいいかわからなくて，やる気が起きない」という状況が避けられるし，たいていは前回よりも得点が上がって自分の進歩を感じることができると思うからです。

　ボク自身，最初は「知識を蓄えるだけが授業じゃないのに」という思いから，小テストに抵抗を感じていたのですが，生徒から「同じ問題だったら嫌じゃないよ！」と言われたことがあり，それからは抵抗がなくなりました。生徒にとっても，自分の成長が目に見えてわかるテストは，気持ちイイことなのかもしれません。

　なお，「問題プリント」といっても，わざわざ作るのは大変です。もし考査をあらかじめ作っていたら，その問題の一部をそのま

ま使います。他の先生が作っているプリントをもらうこともあるし，購入している問題集のコピーを使う時だってあります。

④仮説実験授業のエッセンスだけでも！

　ボクは教科書授業の中でも，授業書に出てくる問題や実験，そして考え方を，かいつまんで紹介することがあります。もちろん，授業書は運営法通り進めるのが理想ですが[1]，教科書の知識を無感動に伝えるよりも，ボク自身が感動的に学ぶことのできた授業書の問題やお話，そして実験で，〈仮説実験授業のエッセンス〉を感じてもらう方が，ボクも生徒もたのしく学べると思うからです。そのうちのいくつかを紹介したいと思います。

　▶例１：「ものみなバネ」

　《ばねと力》[2]に出てくる「ものみなバネ」という考え方は，静力学を学ぶ上でとても役立つので，授業書ができなくてもぜひ伝えたい内容です。たとえば，教科書等でムリヤリ教え込まれる「反力」や「作用・反作用」の考え方も，「ものみなバネ」の考え方でいけば抵抗なく受け入れてもらえると思うので，授業書で登場するお話を口頭でまるまる紹介しています。その後，反力の例でいえば，机の原子に見立てたスポンジ球を手で押しつぶし，「机に力が加わると，机の原子がつぶ

---

[1] 仮説実験授業の運営法については『仮説実験授業のABC　第５版』（板倉聖宣，仮説社，2011）や『仮説実験授業をはじめよう』（「たのしい授業」編集委員会，仮説社，2010）に詳しく書かれています。

[2] 219ペ「授業書の紹介」⑩参照。

れる。原子もばねと一緒でつぶれてもどろうとする。それが反力の正体なんだよ」なんて話もしています。

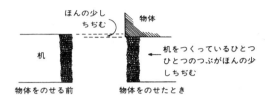

▶例2：「ピカピカの金属光沢のあるものは電気を通す」

《自由電子が見えたなら》は，授業書は使わないけれど，第2部まで，問題を黒板に書いて，さらっと体験してもらうことがあります。お話の部分は印刷して，「目には見えないけれど，金ピカ銀ピカの正体は自由電子なんだ」「自由電子が電気や熱を通す正体なんだ」ということをたのしく感じてもらっています。カタくるしく感じてしまう「電気分野」だからこそ，少しでも親近感をもってもらえれば，ツマラナイ電気の計算だって，なんだか耐えてくれそうな気がしています。

▶例3：「動き回る粒」

《粒子と結晶》[(3)]の第1部には，「BB弾で満たしたビーカーの中にピンポン玉を埋めておき，これを揺するとピンポン玉はどうなるか」という問題があります。これは，「水分子は液体の状態でもやっぱり動いているんだ」ということが

---

(3) 219ペ「授業書の紹介」⑪参照。

実感でき，見えないはずの分子の運動が見えてくる素敵な問題です。ボクは「熱」の単元でこの問題の実験を実演して紹介するのですが(4)，この1問を紹介するだけでも，熱を勉強する際に一番大事な「分子は雑多な運動をしている」「液体の状態でも（固体の状態でも），分子は動いている」という事実をイメージ豊かに考えてくれると思うのです。

⑤動画も頼りにしてます

教科書を読み進めても，要点だけが書いてあってなんだか退屈，わかりづらい…と感じることもしばしば。そのため，教室にプロジェクターとスクリーンを持っていき，動画を見せることもあります。「岩波科学教育映画」を見せたり，「NHK高校物理基礎」など，毎週放映されている番組の一部を生徒に見せたりしています（教師の予習としても便利！）。他にも，定期的に放映されている「NHKスペシャル」は授業に使えそうな題材の時は録画するようにしています。NHKなんて，教師になるまではほとんど見なかったのに，不思議なものです。

＊

こんなふうに「少しでもマシな授業を」と思いながら進めている教科書授業。時には「シンドイよ〜」と言われることもあっ

---

(4) この実験は，科学の基本概念を教えるために仮説実験授業の手法を取り入れて作られた『DVD たのしい科学教育映画シリーズ 第1集』「Ⅲ-1 動き回る粒」にも収録されています（板倉聖宣さん監修／牧 衷さんシナリオ）。なお，『たのしい科学教育映画シリーズ』（発売元：岩波映像株式会社／販売：仮説社）には『第1集』『第2集』『災害の科学』があり，それぞれの収録内容や価格は仮説社のHPで確認できます。

てまだまだ模索中です。他の先生はどうしているのかな？ ボク自身，まだまだ教えて欲しいことがいっぱいです。

　ところで，「生徒にとってシンドイ授業が1年間」だったとしたら，きっとボクは授業をすることが嫌になっていたような気がしています。もしくは，「なんで子どもたちは勉強しないんだ！」なんて傲慢になっていたかもしれません。ボクの場合，子どもたちが喜んでくれるような授業，「たのしい！」と言ってくれるような授業があるからこそ，ボクも笑顔になることができて，「教科書授業もできればマシなものに」というモチベーションにつながっている気がするのです。

　実際，2年目の時に初めて「生物基礎」を担当することになったボクは，豊富な知識も脱線話のスキルもなくて，ひたすらテストに出そうなところだけを進め，間が持たない時は小テストを繰り返し，「ここが大事！」「ここはテストに出る！」というやり方で2ヶ月を乗り切ったことがありました。結果，〈中間テストの平均点は一番高いクラス〉になりましたが，教えているボクはもちろん，授業を受けている生徒もツマラなさそうで，「これでいいのか!?」と苦しくなってしまいました…。1時間でも2時間でもいいから，〈たのしい授業〉ができないとボクがツラかったのです。

　だからこそボクは，まずは教師である自分自身が「これはオレ自身学んでたのしかった！」「これだけは子どもたちに伝えたいな〜」と思えるような教材を，これからも大事にしていきたいと思っているのです。

ボクの定番メニュー③
おすすめ道具&スポット

ボクが愛用している
道具や場所を紹介します

① お気に入りBGM
　～保護者会，面談で大活躍

　音楽は聴くのも弾くのも好きなボク。教員になる前は埼玉のギター教室に通っていました。そこで習っていたのが「ソロギター」という演奏スタイルです。アコースティックギター1本でメロディから和音，ベース，リズムまで奏でます。「ギター1本でここまで…！？」「ギターの音色ってステキ！」と，とにかく癒されます。

　勤務先で「保護者説明会」「三者面談」など，外部の人が学校に来るときはソロギターのCDをBGMとして使っています。シーンとした待ち時間が一転！ほんわかします。授業の合間の休み時間に教室で流す…なんてのもイイかも！？

▶おすすめCD
① 押尾コータロー『Tussie mussie』／SE（SME）（M）

　どこかで聞いたことのある邦楽・洋楽をギター1本でアレンジ
したカバーアルバム。保護者会の待ち時間に使う〈ド定番〉アイテムです(^-^)

②垂石雅俊『さくらSONGS』『卒業SONGS』／キングレコード

　何を隠そう，ボクがギターを習っていた垂石先生がアレンジ

した〈春〉〈卒業〉ソングに特化したカバーアルバム。3月の別れの季節，4月の出会いの季節にきっとぴったり！ 卒業式や入学式，事前登校日などのBGMに使うのも Good。

② スキャナは便利！

ボクの仮説教師生活を支えているモノに「スキャナ」があります。スキャナは印刷物を電子化（pdf ／ jpg など）して保存できるので，持ち運びに便利だし，本棚のスペースを気にする必要もありません（ちなみにボクはスキャナと裁断機を自宅用と職場用に2台ずつ持っています）。

そんなボクのスキャナ活用法をご紹介します。

愛用の ScanSnap iX500

①感想文はスキャンで電子化！

ボクが日々スキャンをしているものに「高校生からの感想文」があります。いつでも，どこでも読むことができるし，「ウン年前にあの授業書をした時の感想は……」なんて思っても，すぐに見つけることができます。

②雑誌も折に触れて電子化！

休日や夏・冬休みを利用してスキャンしているのが雑誌です。『たのしい授業』も，読み終わった半年後ぐらいに，裁断機を使って一刀両断。『たのしい授業』の場合，「あのな検索」（http://anona.skr.jp/tanoju/）というサイトで「記事名」「著者」「掲載年月」「概要」などを検索できるので，「あの記事読みたい」と思った時も，すぐに検索してデータが探せて，スキャナとはとても相性がいいです（その結果，また紙に印刷したりも…汗）。

*

そんなスキャン話を同僚の先生にすると，「職場や自宅の本もスキャンして整理したら？」と言われるのですが，やはり本は

紙の形で残しておきたい…。だから，本に埋もれる生活は変わらないのでした。

③ 喫茶店

　ちょっと本を読みたい時，勉強したい時，原稿を書きたい時，そんな時にボクが使う場所はほとんど「喫茶店」です。家と違って，「やる気スイッチが入る」カンジがとても好きなのです（だってベッドも漫画もテレビもないしね）。持ち物は，「本」「ノートパソコン」「メモ帳」。これだけでバッチリ！

　けれど，「ずっといるのもなぁ」「顔覚えられそうだし…」なんてことを心配する人もいるかもしれません。そんな人のために…。

Point ① お気に入りカフェはいくつも持っておく

　「毎回同じ場所」に通うより，時間帯や雰囲気，混み具合を考えてお店を変えると気分も変わります（はしごもしたり…汗）。

Point ② 空いてるカフェを探す

　混み合ってるカフェだと「勉強お断り！」と貼り紙があったり，人が待っていたりします。そのため，そういう時は「混んでないカフェ」を探します。駅から遠い喫茶店や，オフィス街の喫茶店の土日を狙ったり。

Point ③ 定額契約のカフェスペース

　いわゆる「コワーキングスペース」という月額制オープンスペースの活用です。札幌市内には月5000円で17〜22時まで自由に過ごせるカフェスペースがあります。

　そうして喫茶店で過ごしていると，ときには生徒に出会うことも。そんなときは「よく来たね〜」と何かおごるようにしています（笑）。そんな影響もあってか，「高野出没スポット」がtwitterで出回ったり…汗。

バスケ部の主顧問になっちゃった！
◆涙から始まった１年半の主顧問生活

●まさか，まさかの…

　教師になって３年目。「男子バスケットボール部」の主顧問となってしまった時の話です。

　本校勤務年数20年以上のベテラン先生が主顧問の下，ボクは教師１年目から男子バスケ部の副顧問をしていました。ところが，ずっといるものだと思っていたそのベテラン先生がまさかの転勤！　そしてボクが主顧問に‼　ボクは大学の時にバスケを始めたものの，指導経験もなければ，部活指導に特別熱心なわけでもありません。なのに，主顧問は試合の監督業務，練習の指示・管理・監督など，やることがいっぱい。「土日含めて拘束される」という時間的制約とあわせて，一挙に責任がのしかかってきます（しかも４月にはすぐ大会）。あまりにも荷が重すぎて，ボクは職員室でその事実を聞かされた瞬間，おもわず泣いてしまいました（男泣き？）。

　そうして職員室でどんよりしていると，ある先生から，「生徒たちにとって主顧問は一人なんだ。あなたがやるしかないんだ。生徒たちは顧問を選べないのだから」と声をかけられます。まったくもってその通りなのですが，その時は「じゃあ変わってく

ださいよ‼ 何の主顧問も持っていないんだったら…」と心の中で叫んだのでした（辛口…汗）。

　そんなふうに「心の中で正論に逆ギレ」していたボク。きっと，悩みのドン底とか，精神的にショックを受けている時に「めちゃ正論」を言われても，響かないのはボクだけじゃないと思うんだけどな…。

　その後，部活が大好きな野球部顧問の先生と印刷室で一緒になりました。主顧問を受け持つことにやさぐれていたボクは，「もしかしたら，アツく〈顧問とは〉なんて話になるのかな…」なんてちょっと身構えたのですが，「高野先生，主顧問なんて大変だね。オレは部活指導が大好きだから，朝から夕方までやれちゃうけれど，そうじゃなかったらキツいし，お金も割に合わないよね」なんて，やさしい言葉をかけていただいたのでした。

　「好きじゃないとキツい」というのは当たり前の話ですが，野球部先生の言葉のおかげで心がホッとして，少し「頑張ろうかな」と思えるようになりました。「経験を重ねている人からの共感の言葉はとってもシミるなぁ…」なんて思ったのでした（ボクもベテランになったらこんな声かけをしたいな‼）。

●責任と権利は裏返し

　話を元に戻すと，ボクと同様，「部活が大変で…」という同期の先生も何人かいるようでした。そりゃーそうです。「美術なんて専門外なのに…」とか，「平日は毎日19時まで，それに土日も部活！」なんて，考えただけでどんよりしてしまいます。

　それにボク自身は，教師として「どの分野でお金を稼いでい

るか（どこに誇り・こだわりを持っているか）」と考えたとき，部活じゃなくて，「授業でメシを食ってるぞ」と言いたいし，こだわりを持っていたいと思っていました（もちろん両方でメシを食ってる自信が持てればそれに越したことないのだけれど，ちょっと今のボクには無理）。だからこそ，部活の主顧問に決まった時，ボクは人目も憚らず職員室で涙を流してしまったのです。

とはいうものの，「部活指導をするために教師になったんだ」という人もいて当然だし，否定するつもりもありません。生徒たちの中にはそれを求める子たちだっているものね。

こんなふうにボクは「主顧問としての責任」にくよくよ悩んでいたのですが，「責任」と「権利」という板倉聖宣さんの言葉を見つけたときに，ちょっぴり考え方が変わりました。紹介します。

> 責任をもつというのは一つの権利ですよね。つまり，自分というものを大事にすることですよね，裏から言えば。権利と責任というのは裏返しになるんだから，責任を他人に転嫁するということは，自分の権利を他人に譲っちゃうことなんで，もとを正せば，自分の権利を譲ることを要求されて，譲っちゃったもんだから，こんどは責任まで譲ってしまわないと損なわけですよ。指導要領などのきまり手があって，それを教えることが要求されて，いやだと思っているけれど，そのうちに押しつけられちゃって，今度は，押しつけられちゃったんだから，「おれの教育が悪いったって知らないよ，これの責任は指導要領つくったやつなんだよ」と，こういう裏返しになる[1]。

---

[1] 板倉聖宣ほか『大放談　教育と科学と終末と』1974, 明治図書, 21 ぺ。

この文章は「教師として何をどう教えるか」という文脈でのものなのですが，ボクが気に入ったのは「責任＝権利であって，自分を大事にするもの」という一文です。部活の顧問も，「責任」はあるけれど，一方で「権利」も持っている。だから，物騒なことを言えば，廃部にすることだってできるし，そこまでいかなくても，休日を増やすことだってできるし，活動方針を顧問が決めることだってできる。「部活動の顧問のせいで，教師という仕事がイヤになっちゃう！」ということがないように，うまく部活の顧問の〈権利〉を使って，自分がやりやすいような部活運営をしようと思ったのでした。

　そう考えてみると，副顧問の頃に比べて，練習日程は自分で決められるし，自分のやりたいようにやれるし，それはそれで〈シメタ！と思えること〉がありそうだと思ったのでした。

● 試行錯誤の毎日

　とはいうものの，「どうやって毎日の指導を進めたらいいんだ!?」とかの具体的な問題は悩むところもあったので，生徒の意見を聞きながら，試行錯誤で進めていくことになりました。

　① 練習日程はマネージャーと相談する

　部活動の練習日程を考える際，生徒の考えや部活の雰囲気を理解しているマネージャーによく相談をしていました。「この日休みにする？」「ここは練習したいかな？」などなど。

　一方で，「自分が休みたいけど生徒が練習したがっているか

ら…」という自己犠牲は，一見美しいけれど，まずは自分を大事にしないと長続きしません！　というわけで，用事がある場合はどんどん休んで副顧問の先生にお願いをしていました。もちろん，そういう場合は「ゆっくり寝たい（休みたい）ので」とかの理由じゃなくて，「研究会で」とか「東京に行くので」みたいな，「部活は来ないけれど，教材研究で高野は頑張ってるんだな」ということをアピールするのは忘れません（セコイ…汗）。そのほか，どちらの顧問もつけない時は問答無用で休みにしました。

② 練習メニューは生徒にも考えてもらう

　主顧問になった当初は，「自分が練習メニューを考えなくちゃ！」と張り切っていた部分もありました。けれど，本を読んでみても，そのメニューが自分のチームに適切なのか，練習のポイントがどこなのかよくわかりません。DVDを買ったり，Youtubeの動画を参考にしたりしながら，生徒たちに「こういうメニューをやろう」と提案したりもしたのですが，「このメニューよりこっちの方が」「これは○○じゃなくちゃ意味がない」など，ダメ出しする子が現れる始末（泣）。最終的に，「生徒主体」でメニューを組んでもらうようにしました。

　生徒主体の練習メニューがうまくなる最短の道だったかどうか，いまも自信は持てません。生徒の性格やチームの雰囲気によってもやり方は変わってくるだろうし…。でも，練習メニューについてはボクの力不足で提供しきれず，勘弁してもらった…というカンジです。

③ **練習試合はたくさんこなす**

　「ハビットスポーツ（同じ練習内容を毎日続ける）」の要素が強いバスケットボールという種目。けれども，毎日同じことの繰り返しは，精神的にキツいです。生徒も飽きてきます。そこで，適切な練習メニューが与えられなかったボクは，他校とたくさん練習試合をすることにしました。ものすごーく弱いところともやらないし（時間がもったいない），すごく強いところともやらないので（申込みづらい），必然的にだいたい勝率は5～6割ぐらいでしょうか。年間40試合ぐらいやったと思います。生徒たちもやりたがるし，勝負の中で「個々の課題」「チームの課題」を生徒自身が見つけてくれるような気がしました。でも，もっとセコい話でいえば「練習試合は生徒も教師も飽きない」というのが一番の理由でしょうか（汗）。

　よく「目的のない練習試合は無意味だ」と言う先生もいたけれど，そういう意味でいえば，「目的のない練習試合もたくさんやったなぁ」という印象です…（恥）。

　一方，本やテレビのドキュメンタリーなどで紹介されるような，「他校の先生のところに伺い，やり方を学び，教えを請い，試行錯誤しながら」なーんてサクセスストーリーとは無縁でした。練習試合で聞いたアドバイスを，日々の部活動指導にうまく反映することもできません。先生によって教えてくれる内容も異なるし，ポイントを教わったところで，「どう指導し，改善して上達していったらいいのか」というのは，ボクにはわからずじまいでした…。

● 生徒たちの評価は？

　結局，その後も「技術指導はほぼできないけれど，生徒たちがやりたいことは教師が負担にならない程度に叶えてあげる」というスタンスで続けることになった1年半の主顧問生活。その評価はどうだったのでしょうか。

　バスケ部の生徒たちに感想文を書いてもらったことはなかったけれど，卒業の時にもらった色紙からその様子はうかがい知ることができるかもしれません。いくつか紹介します。

3年間本当にありがとうございました。1年の時に高野先生から言われた「お前はきっと上手くなるよ」って，どこを見て思ったのか分かりませんが，とても嬉しかったです。バイト帰りに牛丼食べたり，おれが何かやらかした時に，コーンスープを買ってきてくれて，全然怒らなかったのをとても鮮明に覚えてます。先生は車の免許持ってるくせにお金ケチってバスや自転車乗るので，そろそろ車買いましょう！ 江別の野幌〔20kmくらい離れた高校〕や山の上の稲雲高校にまで自転車で来たのは驚きました。思い出はここにはおさまりません。良い人生を！バイバイ！（キャプテン・高橋昂平）

3年生の中で1番問題児だったのに，最後まで見捨てず顧問をよく頑張ってくれました。迷惑ばかりかけていたのに練習試合を組んでくれたり，高野先生のやり方で部活ができて良かったと思っています。強豪校との公式大会の際に，ビビってる自分に背中をバン！と叩いて送り出してくれたのがとても印象強かったです。これからも頑張ってください。ありがとうございました。（田澤修斗）

高野先生一♪　3年間本当にお世話になりました！　部活中とか終わってからとか、「最近どうですか？」とか「話聞いて！」とか、いろんなお話しましたね♪　マジで他の先生とは違って話しやすくて何でも話せて顧問が先生で良かったし、仲良くなれて嬉しいランキングナンバー1☆　部活終わってから久しぶりに会えると「わぁー♪」ってめっちゃ嬉しすぎた‼　うちらの代、大変だったと思うけど、いっぱい考えてくれたり、たまに私に相談してくれたり本当にありがとう♪　大人になったら飲みに行こうね。お話が止まらんよ。

（マネージャー・茶木彩花

　これだけ読むと、「いい顧問だったんだなぁ」とうぬぼれてしてしまいそう（笑）。でも、「先生のおかげで技術が向上しました」なんてメッセージはほとんどありませんでした（汗）。そりゃそうです。そういった技術指導が出来なくても、顧問がたまに休みがちになっても、生徒たちはなんとか顧問の良いところを探してくれたのかもしれません。色紙なんだから悪いことは書かないだろうし…。

*

　涙からはじまった部活の主顧問生活。正直、「部活の顧問をどう過ごすか」というのはまだまだ研究（？）の余地があるし、「ブラック部活動」なーんてフレーズで社会問題としても取り上げられているし、そもそも教育課程外だし…と、ボク自身、まだまだ悩む部分はたくさんあります。けれども、とにかく〈自分自身〉を大事にして、自己犠牲を極力しない顧問生活を送っていきたいと思ったのでした。

▼男子バスケ部のみんなからもらった寄せ書き

知識の丸暗記よりも大切なこと
◆日常の感覚や自分自身の経験も大事！

● どんな授業がいいだろう？

　今年度，ボクは２年生（３人）・３年生（26人）合同の「物理基礎演習」（２時間連続授業）を担当しています。この科目は自由選択科目なので，「わざわざ〈物理基礎演習〉という科目を選んだ生徒たち」が集まってきていて，そんなこともあってか，４月の出会いの授業の時に聞いたアンケートでは，「たのしい授業を！」「実験を多く！」なんて意見の一方で，「計算もやりたい」「物理の法則を学んで活用したい」という意見もありました。

　そういう子たちを相手にどうやって授業を展開するか，ボクは悩みました。今までのボクなら，１年間，仮説実験授業をやるところです。教師１年目の「物理」，教師２年目の「環境科学」という科目はいずれも１年間，仮説実験授業やものづくりをやり続けたのでした。けれども，今回は計算がキライでもなさそうな子たちです。ワークも買ってるし…。

　そこで，今年の「物理基礎演習」では，２時間連続授業の最初の１時間で教科書＆ワークを，あとの１時間は仮説実験授業をやることにしたのです。

　今回の記録はその物理基礎演習の２回目の授業の様子です。

●公式を振り返る

授業の前半は,右の公式の内容について,教科書&ワーク授業を先にやりました。

生徒たちは,用意してあった等速直線運動をするオモチャ(ホバーサッカー)や球を垂直に打ち上げるオモチャ(授業書《力と運動》の実験でも使う)が面白かったのか,もともと計算するのがそんなにキライじゃない子たちが集まっているからなのか,教科書の復習もたのしく進みました。また,計算の時間を設けて公式を復習することで,自由落下の場合は,速度も落下距離も,〈落下時間〉と〈重力加速度〉に起因する,ということを改めて確認してもらいました。予想とは異なり,気持ちよく1時間を過ごすことができたと思います(もちろん,中には倒れそうになる子もいるけれど,汗)。

等速直線運動の場合
⇒ 速さ=距離÷時間
等加速度運動の公式
⇒ $V = V_0 + at$
$y = V_0 t + 1/2 at^2$
＊特に自由落下の場合
(そっと物を落とす)の運動
⇒ $V = gt$
$y = 1/2 gt^2$

〔用語の意味〕
V =速度(<i>Velocity</i>)
a =加速度(<i>acceleration</i>)
t =時間(<i>time</i>)
V_0 =初速度
g =重力加速度
(<i>gravity acceleration</i>)

ホバーサッカー・ミニ
内蔵されたファンが底面から空気を吹き出し,机や床の上を滑るように動くおもちゃ。単4電池2本使用(仮説社でも販売)。

●雨粒の問題

2時間連続授業の後半。この時間は,落下問題を扱いつつ,「自分の興味・感覚を大切にすること」というテーマで授業を行い

ました(1)。

まずは「雨粒の落下」について考えてもらうことにしました。オトナのボクも悩んだ問題です。

〔問題1〕 雨粒にはいろいろあります。いわゆるどしゃぶりのときの雨粒の大きさは直径2〜3㎜ほど，きりさめのときの雨粒の大きさは直径0.15㎜ほどです。大粒の雨は，きりさめと比べて，直径では10倍以上，体積や重さでは実に1000倍以上も違うのです。この雨粒が地上にふってくるときの速さは，大粒の雨ときりさめとではどちらが速いとおもいますか。

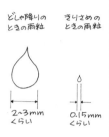

予想
ア．大粒の雨のほうが速い。　　イ．きりさめのほうが速い。
ウ．どちらもほとんどおなじ速さ。
エ．ときと場合によって違うので，なんともいえない。

さて，高校生たちはどんな予想を立てるでしょうか。ちなみに，この問題が載っている『大きすぎて見えない地球 小さすぎて見えない原子』(板倉聖宣，仮説社，2005)によると，一般の小・中学生の先生方100人を対象にした場合，ウが70〜80人，アが20〜30人，イとエがそれぞれ2〜3人という具合にわかれ，「速さはどちらもほとんど同じ」という考えが多数派になったそうです。そしてその理由について，板倉聖宣さんはこんなこと

---

(1) この授業の進め方は，すでに何度も登場している，小原先生の明星大学講義用テキスト『「たのしい科学の授業」入門』(風の子書房，2011)を参考にしました。

を書かれています。

> 中学校の理科や高校の物理では,「真空中ではどんなものでもおなじ速さ（より正確にはおなじ加速度）で落ちる」ということを教えています。そこで,多くの人びとは,その知識をもとにして,「おなじ水滴なんだから（空気中でも）同じ速さで落ちるだろう」と考えてしまうのです。そう考える人たちだって,「どしゃぶりの雨のほうが速く降ってくるような感じがする」ということに気づかないわけではありません。しかし,「それは何かの錯覚だろう」と考えて,自分の感覚よりも学校で教わった理屈のほうをむりやり優先させてしまうのです。多くの人びとは,知らず知らずのうちに,自分自身の直接経験していることまで,学校で教わったあやしげな知識で否定してしまうのです。
> これは教育のおそろしさを示すものといえないでしょうか[2]。

生徒たちは,直前の授業で公式を使って問題を解いたところです。だから,公式にそのままあてはめると,「質量」の話が登場してこないため,「ウ. どちらもほとんど同じ速さ」と予想しそうです。けれど,そんなことを考えなかったら,アやイの予想をする子も出てくるかもしれません。

● 高校3年生たちの予想

さて,高校3年生たちの予想分布は次のようになりました。なんと「大粒の雨の方が速い」という予想が多数派！

---

[2] 板倉聖宣『大きすぎて見えない地球 小さすぎて見えない原子』仮説社, 2005, 25ページより。

アの理由：重いから／きりさめ
　は空気抵抗を受けそうだから／
　降ってるあのカンジから。
イの理由：ちっちゃいからピューッ
　と…速く落ちそう。

```
予想分布
ア．雨粒が早い………18人
イ．きりさめが早い… 4人
ウ．ほぼ同じ………… 6人
エ．時と場合による… 1人
```

ウの理由：降っている様子をみたから／雨が風で舞い上がって
　る様子を見たから／さっきの公式でやったから。

　こちらから予想を聞く前に，全員が手を挙げてそれぞれの意見を発表し，さらに予想変更をする子が現れたり，「先生どうやって実験やるの⁉ 雨でも降らせるの？ やってみたーい！」などと意欲的に反応してくれる高校生たちを見て，ボクはすっかり感動してしまいまいた。

　物珍しい実験道具を見せているわけでもなく（というか何も見せていない），２・３年の混合クラスだから，「もっと周りの様子をうかがって…」なんてことも心配していたのですが，取り越し苦労だったようです。それでこのときはつい，昔受け持ったクラスと比較しちゃいけないなと思いつつも，授業の最後にこんなことを言ってしまいました。

　「このクラスは今までの３年生と決定的に違うところがひとつあります。それは２時間授業の後半になっても，全員が手をあげてくれるところです。みんなが〈他の子はどこにあげるのかな～？〉と思って予想分布を見るのと同じように，ボクもみんなの予想をたのしみにしているのです。全員手をあげてくれて，それぞれ意見を言ってくれるのはとてもうれしい。好きです，

このクラス！ あ〜，こういう授業こそ，誰かが見にきてくれないかなぁ〜？」（ちょっと大袈裟だったかな…）

● 予想分布をどう考える

脱線しました（笑）。さて，生徒たちの予想分布を見ると，本に書いてあった一般の先生方の予想分布，大学生の予想分布とは異なり，「ア．質量が大きい方が速く落ちる」が多数派です。でも，小さい方が早く落ちる，一緒の速度で落ちるという子も，それぞれの意見を持っています。

この結果を見て，ボクは「あぁ〜，仮説実験授業に出会って，良かったナァ…」と思いました。というのも，この予想分布を見て，高校生たちは「自分の感覚，身近な体験を大事にしている」と思えたからです。

反対に，もしボクが〈仮説〉に出会っていなかったら，「1時間目に公式を勉強したのにナンダ，お前らは勉強したことを次の問題に生かそうとしないのか！ だから勉強ができないんだ‼」なんて腹を立てていたかもしれません…（汗）。

● 小さいビー玉，大きいビー玉の落下実験

さて，授業に話を戻すと，〔問題1〕に予想してもらった後は，すぐに正解を発表しません。あと3つほど問題を考えてもらいます。

次は小さいビー玉と大きいビー玉の落下速度を問う〔問題2〕です。

〔問題2〕 ここに，小さいビー玉と大きいビー玉があります。この二つのビー玉を高さ１～２ｍのところから同時に手放したら，どちらが先に床の上に落ちるでしょうか。

予想
　ア．大きいビー玉。　イ．小さいビー玉。　ウ．同時。

意見としては，「そりゃ重いんだから，大きいビー玉でしょう（ア）」という意見や，「小さいビー玉の方が空気抵抗がかからなくて早く落

予想分布
ア．大きいビー玉…10人
イ．小さいビー玉… 6 人
ウ．同時……………13人

下する（イ）」という意見，「同時に落ちているのを見たことあるから（ウ）」なんて意見が出ました。

そういえば，アを選んだ人の中に，「やったことがあるから」という意見もありました。それぞれ「体験談」を話してくれているのに，結果が違う（汗）。仮説実験授業をやっていると，こういう光景によく出会います。そんなとき，「二人とも経験談だけれど，予想が違うよ～，どうする⁉」なんて言うと，クラスには笑いが起きたりします。

こうやって，同じような経験をしていて意見が違った時，「笑える」というのはステキだよなぁと思います。それは，ボクら大人が生活していて，他人と意見が違った時に笑顔になる，なんてことは少なくて，「なんでアイツは非常識なの！」「なんでわかってくれないの⁉」と，笑顔とは程遠い感情になったり，なられたりすることがたくさんあるからかな（汗）。できればこ

んなふうに,「自分と他人との違いを楽しめるといいな…」なんて, 目の前の高校生たちを見て思ったりします。

　実験は, 教室の教卓にのぼってやりました。単純明快な実験だけれど, 予想するだけでワクワクにつながります。生徒たちが結果に注目しているのがよくわかります。落としたら, 音が同時に「ドンッ!」「トン」…。　　〔⇒正解は「ウ. 同時」〕

●ピンポン玉とゴルフボールの落下実験

〔問題3〕ここにピンポン玉と, それと同じ大きさのゴルフボールがあります。重さは, ピンポン玉が2gで, ゴルフボールが50gです。この二つを1〜2mの高さから同時に手放したら, どちらが先に床に落ちるでしょうか。

予想
　ア. ゴルフボール。　イ. ピンポン球。　ウ. 同時。

　先ほどと似たような問題ですが, 今度は形・大きさは一緒で, 重さ, 材質が違います。意見としては,「そりゃー, 重いからゴルフボールでしょう」「ゴルフボールの方が重力が大きいから」と, 先ほどの時の予想と同様,「重い方が速く落ちるでしょう」説を大事にする生徒や,「軽いものは空気でフワーっと浮き上がっちゃったりしそうだから (ア)」という意見や,「ピサの斜塔の話があるから (ウ)」「テレ

予想分布
ア. ゴルフボール……17人
イ. ピンポン球………0人
ウ. 同時………………11人

ビで見たから(ウ)」といった,意見が集まりました。これも教室で簡単にできる実験です。　　　　〔⇒正解は「ウ.同時」〕

●雨の話はどうなったの?

　生徒たちは,クラスの予想がちょうど2つか3つに分かれたこともあってか,ビー玉やゴルフボールの問題をたのしんでいるようでした。誰も,「雨の問題の正解はどうなったの?」と聞いてくる子はいません(心の中では思っていたのかな?)。

　そこで,もう一つ,問題を考えてもらう前に,「なぜ雨の問題の後にこの2つの問題を考えてもらったか」を,板倉聖宣さんの文章を引用して紹介することにしました。

> 　さて,こういう二つの問題をやってから,さきの雨の問題をもういちど考えてもらいます。すると,はじめ「大粒の雨の方が速い」と言っていた人が100人中,20〜30人もいたのに,それが5〜6人にもへってしまうようになります。ネンド球やピンポン球の落下運動の実験で教育されたおかげで,雨粒の問題をまちがって考えるようになるのです。だれだって,きりさめやどしゃぶりの雨をなん十回となく経験しているというのに,その経験よりも,教わった知識をそのまま延長して考えるようになってしまうのです[3]。

　ボク自身が,小・中の先生や大学生に直接聞いたわけではないのですが,この様子は大体想像がつきます。なんだか「やっぱり学校で習ったとおりなんだ(どんなものでも同じ速さで落ち

---

[3] 板倉聖宣『大きすぎて見えない地球 小さすぎて見えない原子』仮説社,2005,33ぺより。

る)」みたく思ってしまいそう。この時は聞きそびれてしまったけど，高校生たちにも聞いてみたらよかったな…。

● 授業書《力と運動》の問題より

次は，授業書《力と運動》から問題を1問考えてもらいました。

〔問題4〕 ピンポン玉とゴルフボールを1mぐらいの高さから落とすと，ほとんど同時に床の上に落ちました。それなら，ピンポン玉とゴルフボールを，学校の屋上などうんと高いところから落とすと，どちらがはやく地面につくでしょう。(《力と運動》第4部〔問題1〕より)

予想
　ア．ゴルフボール。　イ．ピンポン球。　ウ．同時。

生徒から出た意見は，「学校の屋上ぐらいじゃ空気抵抗を受けないから同時」「教室でやった実験と一緒で，同時に落ちる」など，

予想分布
ア．ゴルフボール……11人
イ．ピンポン球………0人
ウ．同時………………16人

「ウ．同時」がやや多数派ですが，重い方(=ゴルフボール)が速く落ちる派も多くいます。

後半，物理が得意な佐藤君から，「黒板に自由落下の公式が書いてあるけれど，そこに重さは登場してこないから」という意見が出ました。この意見で「予想変更をする子が現れるかな？」と思いましたが，特に反応があるわけでもなく…。

もう意見が出尽くしたカンジだったのと，「先生，外に出るんでしょ！ やった〜！ 早く出ようよ〜」とせかす女子生徒につられて，実験することにしました(この問題をするのは，この学

校に来てから今回で4回目ですが、毎回、こうやって教室の外に出るのをわかりやすく喜んでくれる生徒がいます。こういう問題も好き)。

多少風があったので、落とす前に「横に流されたとしてもかんべんしてね。地面に着くのはどっちが速いか、それとも同時かで判断しよう」と言いました。予想変更する人はいませんでした。落としてみると、あきらかにゴルフボールの方が速く落ちます。

〔⇒正解は「ア．ゴルフボール」〕

教室に戻った後、黒板に絵を描きながら、1〜2mの高さだと空気抵抗を気にしないですむけれど、10m以上も高さがあると、軽いピンポン玉

▲▼校舎からの落下実験

の方が，落ちる力に対して空気の抵抗を受ける力の影響が大きくなること，ゴルフボールも，時間はピンポン玉よりかかるけれど，やがては同じ速度になって落ちていく，なんて話をしました。

● **日常の感覚，自分の経験も大事にしてほしい**

そしてようやく雨粒の問題に戻ります。「問題4と一緒で，雨粒も大きい方が速く落ちます」と，ここでようやく正解を発表し，右のような絵を描いて，
「どちらが霧雨で，どちらがどしゃぶりの雨か」と生徒に聞いてみます。「直線が長い方が，どしゃぶり…だよね。

線が長い方が速さを感じるでしょう。人の眼とカメラのシャッタースピードみたいな感じで考えてみたりしてもいいかも」と，本に書いてあった説明を紹介しました。生徒たちは「あぁ，そうだよねー」という人もいれば，「うーん，そう？」なんて子もいました。

授業の最後，板倉さんの文章の続きを紹介しました。

> 私たちだって木の葉が落ちたり，雨がふるのを見知っています。そして，きりは小さな水滴の集まりだということも知っています。そして，その小さなきり粒が空中に浮かんで落ちてこないことも見知っています。さらに，そのきり粒（雲の粒も同じ）が集まって大きな粒になったものが雨粒だということも知っていることでしょう。小さなきり粒が落ちてこないで，大きくなると落ちて

くるのですから,大きな粒ほど速く落ちるということも考えられるわけです。ですから,私たちだって,日常的な経験から,「重いもののほうが速く落ちる」ということを知っていることになるのです。

ところが,学校では,一見,その反対の事実を教わります。そのとき,みんなはどうするのでしょう。ある人たちは,自分の経験からわりだしたことと学校で教わったこととをつきあわせて,疑問に思うことでしょう。「ぼくにはどうしても重いもののほうが速く落ちるように思えてしかたがない」ということになって,こまるはずです。〔中略〕

しかし,大部分の人は,そういう疑問をだす元気もなくて,自分自身の経験事実そのものを抹殺しようとしてしまうのです。「よけいなことを考えると,学校の勉強がわからなくなる」からです。そうして,すこしでも優等生になろうと努めるのです。〔中略〕

結局のところ,現代の学校の生徒たちは,自分自身の経験事実をもおしころして,学校で習ったことをおぼえこもうとします。〔中略〕

それでも,かつては,日本でも受験競争がそれほどひどくはありませんでしたので,だれでも,自分の感情や経験事実まですてさって,学校で教わったことをおぼえこむ必要をそう感じないですみました。

しかし,最近はちがいます。じつにたくさんの人たちが,すこしでも優等生になろうとして,自分自身の考えをのばすことをやめ,知識のマル暗記をしようとするのです。これはおそろしいことです。自分が自分の主人公であることをやめることに通じています[4]。

この文章を読んだ後,「そういう意味では,このクラスの君

---

[4] 板倉聖宣『大きすぎて見えない地球 小さすぎて見えない原子』仮説社,2005,35〜36ページより。

たちの方が，小・中の先生や教育学部の大学生より，自分が自分の主人公と言えるんじゃないかな。だって，雨粒の問題の時，多数派は〈ア．大粒の方が速い〉を選んでいたしね。これから先，物理や他の授業でも，いろんなことを教わったり，公式を学んだりすると思うけれど，決して優等生的，もうちょっと悪く言うと，奴隷的に勉強するんじゃなくて，日常の感覚，自分自身の経験も大事にしながら勉強してほしいな，なんてことを思っています。でも，わざわざこんなことを言わなくてもみんなはそうやって勉強するのかもね！」と話をしました。

その後，授業の感想を書いてもらったらこのことに触れてくれている子がいました。

自分の予想と実験の結果が違って，その後の実験にもそのことが頭に残って，今までの経験があっても（あるからこそ？）考えがねじ曲がることがわかり，いかに自分が単純かがよくわかりました。（松田隼翔）

物事を考えるときは，授業で習ったことだけで考えるのではなく，日常の感覚も大切にしないといけないと思った。（伊藤健太郎）

もちろん，「素直に学ぶ」ことはとても大事なことだけれど，そうすることで，自分の感情や経験を捨てるようなことがなければいいな。〈自分の気持ちを大事にする＝自分が自分の主人公である〉とも言えるのかな？

また，こんな感想もありました。

雨粒は生きているうちに何百回も当たったことはあるけれど，雨粒の大きさによって落下する速さが違うことは知らなかったので，知れてよかった！　今度，雨粒を観察してみようと思う。ピンポン玉とビー玉とゴルフボールの実験も，今まで不思議に思っていたので，実験もできて知ることができて良かったです（上出朋葉）

　今まで不思議に思っていたことがわかる，これこそ，自分自身の進歩かな，なんて思います。目的意識を持つと，何気ない出来事でも見えてくるものがある……のかもしれません！

＊

　そんなわけで，教育論（？），哲学（？）みたいな話も交えながら，落下の問題に対して高校生たちと一緒に考えてみました。こうして，教科書やワークの計算だったり，本のお話だったりをまじえた授業をしてみて，とても楽しく，メリハリのついた授業ができたような気がするけれど，授業書を進める時と比べて，「もっとこうした方がよかったんじゃ？」「次は大丈夫かな？」など，どうやって進めるか悩むところもあったりしました。

　でも，ただ一つ言えることは，高校生たちは今のところ，とても活動的に，たのしんで授業を受けてくれています。そんな生徒たちに甘えながら，どんな風に授業を進めていくか，仮説実験的に進めていければいいな…。そんなことを思っています。

〔追記：2017.1.7〕
　「自分の感覚を大事にすることはとても大切だ」という視点があるだけで，高校生たちを見る目がずいぶん変わってくる気が

します。何かを教えたり，伝えたり，アドバイスした時に，教えたことを何度も間違えたり，「だって…」と言い返されたりすると，「なんでコイツはわからないんだ！ わからずや！」などとイライラしてしまいそうになるけれど，それも「自分の感覚を大事にしている」と考えれば，「あー，スバラシイな！」なんて思えてきて不思議です。「あれっ？ もしかして，この子じゃなくて，ボクの感覚がおかしいのかな？ もしかして今考えを押しつけているかな？」なんて，ハッと気づかされることがあります。

新しい世界が広がった！
ボクと生徒の色彩検定受験記①
◆教師のボクだからできること

●色彩検定を受けたいという生徒

　新学期早々，一人の女子生徒が職員室に来て，「先生，色彩検定受けたいで～す」と声をかけてきました。理科室の前に色彩検定のポスター（「受験希望者は高野まで」と書いてある）が貼ってあって，それを見て来てくれたようです。

　この色彩検定，授業で似た科目が開講されているわけではありません。「理科室の入り口って殺風景だったり，理科っぽいポスターばかりだから，もうちょっとポップにしよう」と思ったボクが貼っておいた案内です（笑）。

　でも，じつはボク，色彩検定の資格は持っていません。ただ，一回目の大学時代に「なんとなく響きがカッコイイから」という理由で，「カラーコーディネーター3級」の資格を取得していました。そん

▲理科室の入り口の様子

なこともあり，「〈色彩検定を受けたい！〉なんて子が出てきたら面白そうだな」と思いながら，このポスターを貼り続けていたのです。

この1年半で10人ぐらい，「受けた～い」と声をかけてくる子がいました（ポスターって意外と効果あるんだなぁ）。でも，実際，親に相談して受験料（7000円）を工面し，振り込み用紙に記入してきた子は彼女がはじめて。

さて，彼女はどういう気持ちで，「色彩検定を受けよう！」と思ったのでしょうか。色彩検定の受験後，彼女に感想文を書いてもらったので，抜粋して紹介します。

◆なぜ色彩検定の資格を取ろうと思ったのか──
無事進級して2年生になると，教室が4階から3階になり，3階・理科準備室の前の廊下に貼ってあるポスターをみて，色彩検定を知りました。ポスターを見て，興味がわいたけれど，その時は「どんなことを学ぶのだろう？」と思っただけで，受験しようとまでは考えていませんでした。
月日は流れ，3年生になると，進路について深く考えるようになり，私は美術学科のある大学に行こうと考えました。推薦入試を希望していた私は，調査書にかけるような検定をひとつも取得していませんでした。まわりの友達は漢検や英検を受験している中，私は焦りました。そんな時に，色彩検定を思い出しました。どうせ検定を受けるなら，自分の好きなことを生かして興味のある色彩検定を受験しようと思ったのがきっかけです。

なるほど。この一年半，「受けたい！」と口にする子はちらほらいたのに，実際に受験する子がいないのはどうしてだろう？

やっぱり受験の費用がネックなのかな？とか思っていたのですが，実際に受験するまでにはもう一歩背中を押すものが必要なんだなぁと，この文章を読んで思いました。でも，みんなが受けているような漢検，英検に走らないところが彼女流。「自分の好きなことを自分のキャリアにしたい！」──そんなことを思ったのかな。

　ただ，ここでボクが心配したのは，「とにかく資格が欲しいから，勉強はツラいけどガンバって取る」みたいになってほしくないなぁということでした。そこでこの場では，「じつはボクも色彩検定は詳しくはないけどね（おいおい…），参考書と過去の問題冊子を貸してあげるから[1]，どんな勉強をするか，のんびり眺めてごらんよ。で，こういうことを勉強したいな，知りたいなって思ったら，また来てくれる？　申込みの仕方を教えるからさ。勉強を始めたはいいけれど，あれ〜？　思っていたのと違う〜。こんな勉強したいんじゃな〜い！なんてことがないようにさ」と言って，すぐには受験を薦めず，もう一度じっくり考えてもらうことにしました。

　友だちに受験者がいるわけでもなく，似た内容の科目が授業にあるわけでもなく，彼女が独学で勉強するからこそ，「勉強し

---

[1] ところで，じつはこの生徒が申し込んでくる少し前に，「私，受験します！」と問い合わせてきた別の生徒がいました。けれども，その子が独学で勉強していく中で，試験の内容や試験範囲について質問されたボクはさっぱりわからず，何もアドバイスできなかったという過去がありました（泣）。結局，その子は色彩検定の試験日に別の検定が重なったため，色彩検定は受けずじまいだったのですが，ボクの中で「次に受ける子が出てきたら，きちんとアドバイスできるようになっていたいな」と反省し，検定のための参考書や過去問を取り寄せていたのでした。

たい・知りたい」という〈意欲〉が大事だと思ったのです。
　そのときは「は〜い」と返事をして帰っていったこの生徒。1週間後に「気持ちは変わりませ〜ん。受けたいでーす」と言ってきました。
　今回は，その女子高生とボクと色彩検定についてのお話です。

● 応援してあげたい

　色彩検定の申し込みをしてきたのは三上文音さん（高校3年）。1年生の時に物理を教えていた生徒です。授業をたのしそうに受けてくれていたのが印象的で，仮説実験授業やものづくりの時には特に活躍してくれました。だから，ボクも，三上さんについてよく覚えていたのでした。当時の感想文が残っているので少し紹介します。

　◆アイスクリーム作り——
　今日はアイスクリーム作り。今度は，牛乳じゃなくて，なかなかできない炭酸ジュースで作ってみたいな。とてもたのしかったです。おいしかったです。甘すぎないのがいいネ。先生はいいね。こんなにいい先生ははじめてです。今日はとてもたのしかったです。準備とかありがとうございました。
　◆「1年間の授業を振り返って」——
　授業がたのしいと思えたのは，高野先生がはじめてです。ウチのクラスは，落ち着きがなく，うるさいクラスでした（すいません）。けれど，高野先生はいつもちゃんと教えてくれました。一言でいえば，"熱血先生"と言ったところでしょうか。準備もいつもはやくて見習いたいです（笑）。1年間ありがとうございます!! たのしく授業できました（感想文「1年間の授業を振り返って」より）

うーん，とっても良いコト書いてくれているじゃないですか（笑）。教師1年目で，こんな感想文をもらえていたボクは幸せです。そしてこんな感想文を書いてくれる子であれば，やっぱり応援してあげたくなります（笑）。

　でも大きな問題がありました。ボク自身，色彩検定に詳しいわけではありません。どうすればいいんだろう…。

●一緒に受験してみよう‼
　悩んだ結果，ボクは次の作戦でいくことに決めました。
① まずボク自身が色彩検定の勉強をする。
② それから三上さんに「講習」というかたちで教える。
③ そして，このチャンスにボクも一緒に「3級」を受験して，資格を取得する。

＊

　昼休み，友だちとお弁当を食べている三上さんに，「一緒に受験すること」を伝えにいきます。

　「受験の申し込み済ませた？　会場は学校じゃなくて札幌まで受けに行くんだからね。あと，ボクも一緒に受けるからね」

　これを聞いた三上さん，周りの友だちと一緒にケラケラ笑います。「先生も一緒に受けるなんてウケる〜」「文音が受かって先生落ちたらどうする？」「なぐさめパーティーやろうよ」「いや，今度は文音が先生になってあげる〜」なんて盛り上がっています。

　好き勝手言ってるなぁと思ったけれど，嫌がっている様子はありません。むしろ，本人は「やったー」と，なんだか喜んで

いる様子。「受けるのはア・タ・シ！ 教師のテメェは関係ねぇーだろ！」なんて反応じゃなかったので，「ああ，一緒に受けることにしてよかったな」なんて思いました（笑）。

それに，ボクも無事合格したら，「理科」も「色彩検定」も教えられる教師です（笑）。「色に詳しい」なんて，なんだかおしゃれでカッコいいカンジ！

さて，うまくいくでしょうか？

●講習の進め方を考える際に

「資格試験の講習ってどう進めればいいのかな？」と考え始めた時，ボクの指針となったのは，仮説実験授業の研究会で聞いた話です。ボクは，研究会員の松木文秀さん（高知・小学校）が，授業書《溶解》を題材に講演してくれた「教材配列と動機づけ」の話を思い返していました。うまく伝わるかわかりませんが，紹介します。

《溶解》の第3部では，「やってみないとわからない」ということを教えたい。もちろん，「やってみないとわからない」と言われても，やる動機がなかったらダメです。ところが子どもたちの中には，ちゃんとその動機があるんですよ。前の問題で，松やにをとかしてすごく得をした経験があるから，この研究問題で「じゃあやろう」ということになる，動機が生まれているんです。それなのに，今の授業書（改訂版）では，これを旧版よりもずいぶん前の方でやってしまうんです。いろいろとやってみる動機になる「アルコールやそのほかのものにとけるもの・とけないもの」のお話の前にこの問題があるんです。そういう問題をここでやっても，当たったはずれた

の楽しさはあるけど，法則性が見つかるわけでもないし，なんてことはないんですよ。／だから僕は旧版の授業書の方が好きです。松やにやその他のもので「とけたりとけなかったりして，おもしろいね」という有効性を知って，そのあとに「ひょっとしたらおもしろいものが見つかるかもしれない」といってやる。だからいい。少々とけたとかはどうでもいいんですよ。「これはすげー真っ赤になった」とか，研究することに意義があるんです[(2)]。

　この話を，僕は教師になる前の2013年2月に聞きました。もうオトナな自分だけれど，この引用部分の話も含め，感動で思わず泣いてしまった講演です。

　でも，急にこれだけ引用しても，「はっ？ 何を言いたいの？」というカンジかもしれません（汗）。講習をやるにあたってボク自身が参考になったのは，「知りたい，やってみたい，という動機が大事」というところです。

　資格試験って，「暗記が大事！」「問題を何度も解く！」というイメージがあるけれど，せっかく「資格を取りたい！」と思ったのだから，〈知りたい！〉〈学びたい！〉というキモチを大事にしたいな。その〈動機〉を大事にするには，どういう教材を準備して，どういう順序で学習を進めていけばいいか…。ボクの中で自然とその構想が固まってきました。

[(2)] 松木文秀「講演：2013 夏の大会プレ企画〜仮説実験授業入門講座」より。引用文はボクがテープ起こししたものですが，この講演記録は『授業書講座記録《溶解》』（手嶋唯人 編／「仮説実験授業を学ぶ会」発行）にも収録されています。全文を読みたい方はそちらを参照ください（ただ残念なことに，このガリ本は販売用に作られたものではないため，新規に入手することはできないそうです）。

「新しい知識を学んだら，それが生きるような教材配列にしよう」「このことを勉強したら，世界が違って見える」そうしたことを早く感じてもらえるよう，意識していくことにしたのです。

● 意欲があればこそ

申し込みも済ませ，あとは三上さんが部活を引退するのを待つばかり…というのが当初の計画でしたが，そうすると勉強開始から試験までは一ヵ月を切ってしまいます。そこで，「資格をとりたい！」と思った今の気持ちを大事にして，部活をしながら独学でもできる「慣用色61色の暗記」（大体どの参考書にも書いてある基本）に取り組んでもらうことにしました。スマートフォンのアプリに，色がスマホに表示されて，「この色の名前は？」という問題が61回続く「慣用色名を覚えよう！〜色彩検定対策」という便利なものがあったので，それを使えば，スキマ時間などで勉強できるかなと思ったのです。

さて，三上さんの反応ですが，アプリを紹介すると，ボクなんかよりよっぽどたのしそうに，しかも飲み込みも早く，色を覚え始めていきます（笑）。ヤバい！これじゃ講習どころか，逆に追いていかれる！（汗）

そんな三上さんの様子を見て，「〈興味がある〉というのは，とても大きなパワーになるんだなぁ」としみじみ思い，こんなにたのしそうに勉強しているのだから，参考書の順序通り，「慣用色を61色暗記しましょう」「色の表記から順番に勉強していきましょう」じゃなくて，「慣用色を覚えたら世界が広がる！」

くらいの教材を考えなくてはと，あらためて思いました。慣用色から色相やトーンを考えていって……（おっ，これ以上書くと具体的な内容に入りすぎてフツーの読者に飽きられちゃいそう！ こんな話はまた今度）。

● **教師のボクだからできること**

こんなことを考えていたら，「こういうことこそ，教師の仕事であって，教師の強みかなぁ…」と，僕の恩師である小原茂巳さんの大学での講義の話を思い出しました。

 教師の商売

専門学校とか，自動車の教習所とかに通っているひとは「○○の資格取りたいんだー！」とか，「車の免許取りたいんだー！」という意思があって，お金を払って，自主的に通っているわけじゃないですか。だから，そこに通っている人達は意思がはっきりしているわけです。〈意欲〉があるのはあたりまえなんですよ。

でも，学校に通っている子ども達はちょっとそれとは違いますよね。特に，小学校・中学校は義務教育ですからね。「〈意欲〉がなくても無理矢理座らされている子ども達」を相手にするのが，僕たち教師の〈商売〉です。

だから，「〈意欲〉がない子ども達がいてあたりまえ」と思っていた方がいいですね。子ども達に対して，「意欲があるのがあたりまえ」と思ったら，〈意欲〉がない子どもを見た時に，「なんでお前，意欲がないんだ！」「やる気がないんだ！」「その態度はなんだ！」という風に，ムカついてしまいますから（笑）。でも，それは変な話で。<u>教師の役割として一番大事なのは，「興味を持続できること」＝「〈意欲〉を持ってもらうこと」</u>だと思うんですよね。

でも，これが中々難しい（笑）。難しいけれど，それを実現させることが，皆さんが目指す教師の〈商売〉ですからね。そのために，教師が子ども達に何をしたらよいのか，それをみなさんと一緒に考えていければいいなと思っているんですよ[1]。〔見出し，下線は高野による〕

　書店に並んでいるたくさんの参考書は，色についてとても詳しい著者が書いたものです。だから，「知識が足りないボクが講師をする」というのは，役不足と考えられなくもありません。けれど，だいたいの参考書は「読者が学ぶ過程」や「どのように認識していくか」という視点，それに「学ぶ意欲」を大切にする視点が希薄なように思います。
　でも，仮説実験授業に出会ったボクは，〈どんな順序で学ぶとたのしいか〉とか，〈学ぶ意欲〉をとても大切にします。というか，大切にしたい。そんなボクだからこそできることがあるんじゃないか——そんなことを考えたりしました。もちろん，「資格を取りたいと言っているんだから，最初から〈意欲〉が高いじゃないか」とつっこまれそうだけれど，だからこそ，その〈意欲〉を大事にしたいと思ったのです。「資格の勉強がだんだん嫌になっていき…」なーんて想像するだけでも嫌だもんね！

　　　　　　　　　　　　　　　　　　　　　　　　　（つづく）

---

[3] 小原先生が明星大学の講義「理科教育法」で話した内容を，ボクがテープ起こしししたものです。

新しい世界が広がった！
ボクと生徒の色彩検定受験記②
◆本当の〈学び〉がもたらしてくれたもの

●二人三脚のはじまり〜

　三上さんが部活を引退し，学校の中間考査も終わったその日。試験まではあと2週間しかありません（汗）。危機感も感じる中（本人は感じてないようだけれど），本格的に勉強を始めることになりました。

　中間考査終了後，彼女に「どんなふうに勉強していこうか？作戦立てよう！」と相談すると，「私，今週の日曜以外だったら全部暇だよ。いっぱい講習やろうよ」と言ってきました。女子高生らしく，「〇曜日は友達と遊んで〜，〇はバイトで〜」なんて反応も予想していたのですが，正反対。講習に関しては，彼女は「毎日でも平気だよ。というか，それぐらいのつもりだと思ってたよ（笑）。頑張ろうヨ」なーんて反応です。少し前までは毎日部活で夜遅くまで残っていた彼女ですから，体力ありあま〜るのかもしれません。「でも先生はまだバスケ部の顧問だったか（笑）。まぁ空いてる時間で放課後残ってやろうよ」と三上さん。

　というわけで，それからは15時から完全下校の19時30分まで，ボクに他の仕事がない時は講習，そうでないときは彼女一人で勉強という日が続きました。ただ，ボク自身はクラスの子

との面談週間があったり，部活を見に行ったりで，遅れたり，途中で抜けたりすることがほとんど。ボク自身，それがちょっともどかしかったので，結局，試験の11日前からは，土日を除いて，始業前の朝の時間も使って講習をすることにしました。

講習では，仮説実験授業の授業書の問題や実験道具も取り入れ[1]，たのしさと意欲を大切にしながら勉強しつつ，一方で「合格する！」という現実問題も視野に入れて，早めに過去問を1回解いて，自分の現在位置と合格までの自分の差を感じてもらいました（一通りの勉強をしていない時点で過去問をやるのは，自信なくてあまり気乗りしなかったはず。でも，本人は素直に解いてくれたナァ）。2週間前のこの時点で，合格基準70％に対して，正解率は47％。まだまだゴールは遠い…（汗）。

そこで，ゴールまでの道のりを感じてもらうため，検定の概要や出題範囲，進捗状況を見渡すための「マインドマップ[2]」を作り，いまどれぐらいまで勉強してきて，あとどれぐらい残っているか，なーんてことを感じてもらいました。

その甲斐もあってか，試験7日前にはひとまずの講習を終え，「あとは過去問を解くだけ！」というところまで到達しました。

---

[1] 授業書《虹と光》《光と虫めがね》や『光のスペクトルと原子』（板倉聖宣・湯沢光男，仮説社，2009）の問題をやりました。そのほか，眼の構造を勉強するときは，虫めがねを使ってカメラを自作したり，色の混色を考える時は「ライトスコープ」（30倍の簡易顕微鏡）を使ってカラープリントされた印刷物を見てみたり…といったことをやりました。

[2] イギリスの教育者トニー・ブザン（Tony Buzan）が提唱した思考・発想法の一つ。今回は，検定の公式テキストを章ごとに分けて記載し，覚えるべき事柄を書き出すことによって，これから先やることやすでに終わったことを整理し，お互いに共有するのに使いました。

新しい世界が広がった！ ボクと生徒の色彩検定受験記②

▲色を確認している三上さん

▼自作のマインドマップ

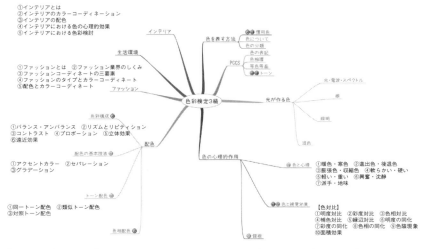

この段階で，過去問の正解率は71％（合格ボーダーは70％）。まだまだギリギリです。

● **テストについて考える**

試験まで1週間を切って，あとは過去問を解くだけ…。ここでもボクは，「仮説実験授業研究会の人たちの〈テストの考え方〉は使えないかな？」と思い，テスト論に関わるものを探してみることにしました。参考になったのは，板倉先生と小原先生が書いた次の文章です。

人間は進歩したい動物

人間というのは，もともと進歩するのが好きな動物だ」ということができるでしょう。〔中略〕その自分たちの進歩の度合を確かめるのにもっとも簡便に工夫されたものがテストなのです。／こう言っても，なかなか納得できないかも知れませんが，小さい子どもたちを観察していると，そのことがよく分かることがあります。小学校に入るか入らないかの小さい子どもたちはたいていテストが大好きだからです。同じような問題をたくさん出してもらって，それが少しづつでもできるようになるのを楽しんでいるのです。〔中略〕／それなら，どういう条件下でのテストなら，子どもたちはテスト好きでいられるのでしょうか。／その第一の条件は，そのテストで自分の進歩の跡が見えることです[2]。

〈たのしい授業〉とテスト

〈たのしい授業〉だと，意欲が増しますね。テストをすることによって，自分の進歩が見えます。進歩が見えるから，「うれしい，

---

[2] 板倉聖宣「テストの再発見」『たのしい授業』1989年5月号，No.76，仮説社．

テスト好き」ってなります。〔中略〕学校でも，せっかく出来るようにした授業，たのしくやれた授業だったなら，これは明らかにテストしてあげた方が良いですね。なぜなら，〈進歩〉が見えるからです。「やったー！」ってね。採点して，おうちにかえると自慢できますからね。「俺，100点とったんだよ！」ってね。〔中略〕だから，テストは嫌われ者だけど，授業の内容によっては歓迎されることもあるというのを知っておいてくださいね。人間って，〈自分の進歩〉って自分本人では，なかなか見えない・気づかないのですよ[3]。

　この話を読んで，あらためて「テストは進歩に気づくためのものなんだ〜」と考えさせられました。ボク自身，テストは「嫌なもの・嫌われるもの」「評価するために仕方なくやるもの」と思っていたからです。

●自分の〈進歩〉を感じたい

　「テストは自分の進歩に気づくためのもの」という考えをもとにして，過去問への取り組み方を考えた結果，
① 「間違えた問題」は赤丸チェック，
② 「解く時に悩んだ問題」には青丸チェックする，
ということにしてみました。過去問をまるっと解いてみて，赤丸と青丸の所だけ，どうしてつまずいたか一緒に確認し，後日，もう一度赤丸と青丸の問題を自分で解きます。すると，「私，何でこの問題を悩んだり間違えたりしたんだろう〜？　今の私なら全然解けちゃう！」というカンジにならないかな？　ここで進歩

---

[3] 小原先生が明星大学の「理科教育法」の講義で話していた内容です。

を感じられるかな？なんてことを考えたわけです。実際，受験後の感想文の中で，三上さんはこんなことを書いてくれました。

> 過去問題を解いていく中で，迷った箇所と間違えた箇所がわかりやすいように印をつけておくことで，やる気がでた。わからないところがわかるようになるのに気づけたり，自分のニガテなところがわかったり，回数を重ねていくうちに，解く過去問の年度が変わってもだんだん印が減ってくると自分の成長を感じた。これはやるべき。

自分の成長と合わせて，「自分のニガテな部分がわかってやる気がでた」とも書いています。「自分に足りないところを知る」というのは，具体的に頑張るきっかけになるのかもしれません。

また，この問題集にはボクが数日前に解いて間違えたり悩んだりした跡がチェックされています。だから，「えぇ～，先生，これ悩んだの～？」とか，「な～んだ，一緒のところ悩んでる！間違えてる！　兄弟だね！」なんて話で盛り上がります。一緒にヨーイドンで勉強していなくても，机を並べて同じ時間を共有しなくても，一緒に勉強しているカンジがします。これは，ボク自身，とってもたのしめました。

ここまでくると，〈講習をする教師〉と〈生徒〉という関係から，〈一緒に勉強する仲間〉という関係になっています。ボクが正解した問題を三上さんが間違えたりする一方で，ボクが間違えた問題を三上さんが正解することだってあります。二人で同じ問題を間違えたりもします。「一緒に勉強するってイイナ」と思いました。そういえば，映画『ビリギャル』の原作者・坪田

信貴さんも著書の中で似たようなことを書いてたナァ…。

……「なぜ？」「なぜ？」と生徒に聞かれていくと，教師側が知らない問題に案外早く到達するものです。／そんな時，「うるさい！」とごまかしたり，「先生に恥をかかせたいのか？」と内心，怒りを覚えてはいけません。／僕は，そういう場合，「先生もそこまでは知らないから，一緒に調べてみようか」と言っていましたし，僕が現在経営する塾の講師達にもそう指導しています。図にすると，知識に立ち向かう教師と生徒の関係性は，こうあるべきだと思っています〔右図〕。／結局は，そうした姿勢が，生徒との深い信頼関係を築くことになると，僕は信じています[4]。

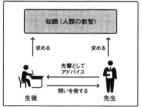

● 〈一点突破〉を増やしたい

また，分野ごとに問題を整理した「分野別・色彩検定過去問題集（2009-2015）」も自作してみました[5]。これで，たとえば「○

---

[4] 坪田信貴『学年ビリのギャルが1年で偏差値を40上げて慶應大学に現役合格した話』KADOKAWA／アスキー・メディアワークス，2013，より。

[5] こんなふうにボクが問題集を自作することができたのも，仮説実験授業研究会の「ガリ本（私家版）」文化に触れていたからでした。この本の中にもたくさんのガリ本が登場するように，仮説実験授業研究会の人たちはガリ本を気軽に作っています。それで，ボクも以前に小原先生の明星大学の講義を記録した「授業訪問記」を製本した経験があったため，今回の短期決戦の中でも，すぐに手配して作ることができたのです。試験7日前に発注して，その2日後に届きました。

○の分野の問題を重点的にやりたいな」と思ったら，その分野の過去問だけを集中的に練習できます。

　こんなふうに分野ごとに攻略していくのは，ボク自身，教員採用試験を勉強した経験の中で，「まだ全然勉強足りてないけど，教職教養のうち，教育心理学だけはいけるよ」なんていう〈一点突破〉を増やしていった経験が，自分の自信を保つ上で良かったのを思い出したからです。「三上さんも自分の成長が日々実感できるといいな」と思い，この方法をオススメしたのでした。

　ところで，じつはこの〈一点突破〉という考え方も，明星大学に在籍しながら教員採用試験の勉強をしていた頃，小原先生から学んだものです。

　　　そこで僕は，とりあえず「たのしい授業」（仮説実験授業）の一点だけにしぼってみることにしました。いや，正確にいうと，僕は僕自身の気力・知力・体力のなさと苦手意識から，「学級経営」や「生活指導」などはあきらめる（勘弁してもらう）ことにしたのです。授業（仮説実験授業）では，子どもたちにイイ気持ちになってもらえそう。でも，他はまだまだ勉強不足。ゴメンナサ～イ！〈たのしい授業で一点突破！〉。

　これが，僕の場合，いい結果を生むことになりました。仮説実験授業がキッカケで，自分のすばらしさを発見して輝く子どもたち。そんな子どもたちの姿がいっぱい見えてきて，僕は子どもたちのことが好きになってきました（コレが大きい！）。

　すると，子どもたちの方も僕になついてくれるようになったのです。「私，小原先生の授業，大好き」「先生，また楽しい授業やってね」「先生，来年は私たちの学級担任になってよ」……などと言ってくれるのです。こうなると，僕にちょっぴり自信と余裕ができて，

僕は，それ以来，授業以外でも子どもたちの素晴らしい所が，少しずつ見つけられるようになりました。

　あこがれる → 楽しい授業で一点突破 → 子どもたちからの評価で自信と意欲 → いろんな場面でも子どもたちとちょっぴりずついイ関係 → たのしく教師をやっていけそう！[6]

　小原先生の話は，「教師としてどうやって過ごしていくか」というテーマのものでしたが，〈何もかも全部やろうとするのは大変だけど，まず何か一つのことを確実にして成功すると，それを他のことにも広げていける〉というのは，勉強方法としてもイイなぁ…と，ボクは感じたのでした。

● 試験の前日

　過去問を解いて，チェックしたところを一緒に確認して，分野別にニガテなところを減らして…と，三上さんも，「まだまだ合格には足りないけれど，この分野だけは自信持ってできるよ！」という内容をどんどん増やしていきました。

　試験前日，「今まで解いた5年分を振り返ってみて，間違ったところ，悩んだところを確認しておくといいよ」と伝えておくと，試験当日には「5年分を振り返ろうとしたけど，今まで悩んだり，できなかったところができるようになったのが途中でわかったから，途中でやめて寝たよ」とのこと（笑）。

　短期決戦だったけれど，うまく試験対策できたんじゃないかな？

---

[6] 小原茂巳『たのしい教師入門』仮説社，2013，166-167ぺより

▲試験前日，過去問を振り返る

● 試験後に

　さて，結果はどうだったでしょう？　ボクは試験を受けている最中，「これは三上さんは解けるかな…」なんて気にしながら問題を解いていました（三上さんも，試験中，同じことを考えたみたい）。

　試験が終わった後，ボクの近くに座っていたどこかの女子高生たち（デザイン学科がある高校に通っている様子）は，「え〜？ 7割取れたかなぁ…」と不安がっていましたが，ボクが三上さんに近づいて「どうだった？」と聞くと，彼女の第一声は「簡単すぎて笑えてきたわー」という返答でした（笑）。そして，「もっと勉強しなけりゃ良かったわー」と冗談を言った後，「高校受験の頃より勉強した。でも，たのしかったから勉強が苦じゃなかった」と，嬉しい感想を伝えてくれたのでした。

その後，一緒に自己採点をすると，正解率は90％（自己最高）。例年70％取れば合格ですから，これはもう余裕の合格です。合格通知を待たずして，「受かったら，絶対生徒会新聞に載るよ！インタビュー記事どうする？」とか「合格！の掲示を廊下に貼るときの写真どうする？」なんて打ち合わせに花が咲いたのでした（笑）。

　そして帰り道，札幌・大通のショッピング街を歩いていた時のことです。三上さんが，こんなことを言いました。「色彩検定を勉強したせい（おかげ？）で，日常の風景を見る視点が変わった。いつも，インテリアやファッションに対して，色のトーンや配色について頭をよぎる。考えちゃうんだよね。まいっちゃうよ（笑）。でも，毎日の生活がおもしろくなったよ」と。

　その話を聞いて，ボクは「それが本当の意味で勉強するってこと，学ぶってことだよね～」なんて，ちょっとカッコつけた返事をしました（笑）。

＊

　〈視点が変わる〉ということでいえば，仮説実験授業もそうです。最近実施した《宇宙への道》[7]だって，授業書を終えた後は，夜空の星に対して果てしない距離を感じたり，普段見ていた太陽に対して，いつも以上の大きさを感じたり，夜空に浮かぶ月に対して，「意外と近いんじゃないか」なんて思ったりして，日常の世界が変わる・広がる感覚があります。三上さんもきっと，色彩検定の勉強を通じて，それと似たような感覚を経験したん

---

[7] 219ペ「授業書の紹介」⑫参照。

じゃないかな。

　ボク自身も，今回の講習を担当しながら一緒に勉強してみて，教師としての仕事の幅が少し広がった気がしました。第一に，「意欲や関心はすごいパワーになるんだ！」ということに気付けたこと。第二に，専門的知識がない分野でも，たくさんの仮説実験授業の考え方（「学ぶ意欲や進歩感を大事に」「教材配列の重要性」「学ぶに値する問題が大事」etc）を頼りに，気持ちよく講習が進められて，結果も出せたことです。

　なんとなくで始まった，女子高生との二人三脚の色彩検定。それは，彼女だけでなく，ボクにも〈自信〉と〈新しい世界〉をもたらしてくれたのでした。

　そうそう，受験の結果はというと……もちろん，ボクも三上さんも二人揃って合格でした！

▲合格通知を手に記念撮影

〔追記：2017.1.7〕

生徒会新聞にも取り上げられました（上の写真）。

さらに，その年（2016年）の冬，今度は2級も受験！ 結果は，もちろん2人とも合格です。

(1) 53号　石狩翔陽高校 生徒会通信 茨戸川　2017年1月27日（金）

茨戸川

発行
石狩翔陽高校
生徒会執行部
2017年1月27日
第53号

色彩検定2級に合格
三上文音さん、高野圭先生

合格率57％、受験者は大学生や社会人がほとんどである色彩検定2級に三上文音さんと高野圭先生が見事合格した。どんな勉強をして何を学んだのか聞いてみた。

理科準備室のポスターの前で三上文香さん（3-5）と高野圭先生

3年次生、大学・短大への進学増
今年の傾向とアドバイス

まもなく家庭学習期間に入る3年次生（14期生）の進路概況について進路指導部長の山本康二先生にうかがった。

進路決定者は左の表の通り、在籍者は310名で、20名余りが大学・短大・看護学校の一般受験結果待ちだという。

3年次生（14期生）進路概況（1/16）

進路	人数
大学	71
短大	22
専門学校	124
看護	1
公務員	10
就職	48

この二年ほどは大学・短大への進学者が増え続けている。進学により、知識や教養を深め、生活の積み重ねや、学習、生活態度、部活動などが評価され、見聞を広めてから社会に出るという意識が高まっているようだ。経済的に余裕があるから進学というわけでもなく、奨学金を借りたり、学費免除の制度を利用する人が多い。事務職も来ている。医療の専門学校では看護は難関だが、理学療法、作業療法、放射線技師などが堅実と見られその分、人数が減っているが、就職内定者はほとんどなので、求人件数は多く、職種の幅も広い。

山本先生は「進学者はほとんど推薦を希望している。普段の生活の積み重ね、学習、生活態度などが評価される。3年生になってからでは遅すぎるので、1、2年次生は今を大切にしてほしい。推薦では面接や作文・小論文による学校がほとんどなので、面接練習や自分の考えをまとめる訓練を今からしておこう」とおっしゃった。

また、自分の考えを的確に述べられるように、新聞や本を読んで知識や情報を収集しながら、自分の考えをまとめる訓練を今からしておこう。

学費一部免除に

2級に三上さんに挑戦。昨年夏には3級に合格していた三上さんだが、この分野への関心が高まり、もっと詳しく勉強しようと2級に挑戦。さらに、受験する大学では2級合格で学費の一部免除になることを知り、俄然モチベーションが上がった。高野先生に相談し、二人三脚で受験対策が始まった。

実物を見る、創作する

2級の問題は3級に比べると難易度が高く、しっかり解説文を読んで理解しなければ答えないものばかりだった。内容的には3級で学んだことをさらに詳しく問う問題、例えば、「基本原色に修飾語をつけて色を表示する」という分野が難解だった。また、照明の分野で、「この光で、この色を当てるとどう見える？」という問題で頭を悩ませた。しっかり教科書だけではイメージしにくいと、先生がいろいろな色温度のランプを用意してくれていて、実際に見せてくれました理解の助けになった。「インテリア」や「エクステリア」分野の勉強では、実際にデザイナーが作るのならばどんなデザインにするのか、自分を紙に書いて、想像してみると、空き時間を有効活用して

空き時間を有効活用

今回の受験は後期考査、アルバイトもあり、放課後残って勉強する時間が多い中、家でも想像より家で勉強する時間が多い、空き時間を有効に使い、受験対策を進めることができた。

デザイナーを目指して

短時間で追い込み、合格できたことで、やる気が出て勉強に目信がついたという。今後はファッション、インテリアなどをデザインする仕事を目指して、大学で学ぶことになる。この色彩検定で学んだことをさらに共に学んで合格した高野先生の協力に感謝している。

ボクの定番メニュー④
●小原式ラクラク採点法

新米教師のボクにもマネできて，
実際に役立った実践を紹介します

▶半分ぐらいの時間に短縮！

　年4回ある高校の定期テスト。テストの前は，「普段教えている授業内容が伝わっているかな？」「自分が作った問題が解けるかな？」とドキドキ・ワクワクしてきます。

　けれども，いざ大量の答案用紙と向き合うと，ドキドキ・ワクワクの気持ちの反面，ユウウツな気持ちがちょっぴり顔を出します。採点って疲れるナァ…。

　そんなわけで，「ラクに，しかもハヤク採点できないかなぁ」と思っていたところ，「小原式ラクラク採点法」（『たのしい授業』No.137）という記事を見つけました。この方法をマネしたところ，本当にラクに，ハヤク，今までの半分ぐらいの時間で採点できてしまったのです！

　ボクがこのやり方で採点しているのを見ていた職場の先生方も，「それはスゴい！」「高野先生やるねぇ～」とホメられてしまいました（笑）。ボクはただマネしただけだけど（汗）。

　ボクのおすすめ，〈小原式ラクラク採点法〉をご紹介します。

▶ラクラク採点用紙の作成

① 生徒用の答案用紙を作るとき，解答欄の行間に答えが書き込めるくらいのスペースを空けておく。

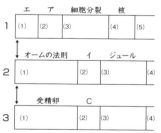

② ①で作った生徒用答案用紙を画用紙にコピーして，「解答欄」

と「生徒氏名欄」をカッターで切り抜く（下図のグレー部分）。

＊一見大変な作業に思えるでしょうが，切りはじめると3〜5分程度で終わります。

③ 行間に，正解を記入して，〈ラクラク採点用紙〉の完成！

▶使い方

① 「ラクラク採点用紙」を生徒の答案用紙の上にのせる。

② 「ラクラク採点用紙」に書いてある答えを見ながら，カッターで切り取った枠の中の生徒の解答に○×をつけていく（○×は小さくなります）。

▶ラクラク採点法のイイところ

この採点法だと，答えを暗記したり，模範解答用紙をチラチラ見る必要がありません。そのため，どんなイイことがあるかというと…，

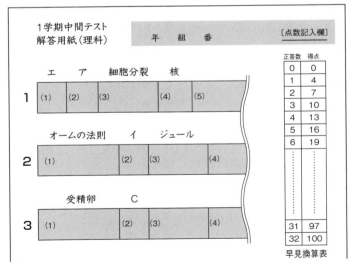

小原式ラクラク採点用紙

その1．「ハヤい！」
⇒目線や顔を大きく動かす必要がありません。生徒の回答と正解を一気に見比べることができるので，あっという間に採点できます。

その2．「そんなに集中しなくてOK！」
⇒回答のすぐ近くに正解が書いてあるため，そんなに集中しなくても，採点できてしまいます。バックグラウンドミュージックを楽しんでいたって，職員室で，先生方とたのしくお話していても大丈夫！

その3．「採点ミスが少ない！」
⇒解答を暗記しての採点や，模範解答用紙を横に置いての採点だと，疲れてくるとミスが起こりやすくなります。その点，ラクラク採点法は，生徒の回答の数ミリそばに正解が書いてあるので，採点ミスがとっても少なくなります。

▶ハヤイ，ラクはズルい？

「ハヤイ」「ラク」なんて書くと，「お前は真剣に採点する気持ちはないのか！」「採点という教育活動に，もっと真摯に向き合え！」とお叱りの言葉が飛んできそうです。

でも，この採点法の考案者である小原茂巳先生は，この採点法をはじめた理由について，こんなことを書かれています。

> 生徒にしてみたら，要は「自分は何点だったのか」を知りたいだけのこと。その採点者が心を込めて採点したかどうかなどはどうでもいいこと。だから僕は，とにかくこの採点をできるだけ合理化して，ラクにハヤクすませてしまいたいのである。
> それに，僕はもう何年も前から，生徒の答案用紙に〈一言コメントを添える（書く）〉という試みをやっていて，じつはその時間を確保したいという願いを持っている。採点の時間を極力減らし，できたら，子どもたちに喜ばれる〈一言コメント

書き〉にこそ時間をさきたいと思っているのである。（前掲書，60ペ）

　自分の高校時代を思い出してみても，たしかにテストを返却してくれる時に先生が一言声をかけてくれたり，自分の答案用紙に一言書いてあることが嬉しかったりしたなぁ…。

　そんなことを考えていると，ボクにはこの採点法が，「セコイ技」というよりも，「時間を生み出す合理的な技」という印象に変わってきたのです（笑）。

▶一言コメントもおすすめ

　この採点法を採用してから，ボクの採点時間は今までのほぼ半分ぐらいの時間で終了しています。そして，この〈浮いた時間〉は，小原先生をマネして，ボクも一言コメントを答案用紙に書くようにしています。

　「前回より10点アップ！　すご～い！」

　「真面目な授業態度が，点数に表れたね！　Great！」

　「ドンマイ！　次がんばろう！」

　「○○の教え方，ボクもマズかったかもね，ゴメン！　一緒にがんばろう！」

などなど。批判だけのコメントは基本的に書きません。

　生徒たちも，そんな一言コメントに対して，「次は頑張るね，先生」なーんて言ってきたり，「私はできる子だぁ～！」なんて叫んでいる子どもたちを見ると，コメントを書いたボクも，うれしく・たのしくなってきます。

　もちろん，浮いた時間の使い方は，部活の指導に時間をかけたり，教材研究にあてたり，リフレッシュで早く帰ったり，人によって活用の仕方はさまざまだと思います。

▶補足

　〈ラクラク採点用紙〉をマネすると，「（問題毎に行間を空けるので）答案用紙が大きくなって困る」という経験をするかもしれません。解答はカッターで切りぬいた解答欄のすぐ上に書いてあるのが一番見やすいですが，

解答欄のナナメや左右に書いてあっても，フツーの採点法よりも圧倒的に採点しやすいです。

この採点法の画期性は，「生徒の答案用紙に採点用紙を重ねて採点する」というトコロにあります。これだけでもマネしてみてはいかがでしょう。

▶「もっとラクしたーい！」という方には〈早見換算表〉

さきほど紹介した「小原式ラクラク採点法」という記事の中には，「〈早見換算表〉を使ったラクラク計算法」という方法も紹介されています。これは，〈ラクラク採点用紙〉の中に「正答数と得点の換算表」（右図）を書き込んでおき，丸つけしながら正答数を数えていくというものです。

たとえば総解答数が32個の場合，右のような表になります。

① 100点÷32問＝3.1点／問

② マルの数×3.1点

＊得点の小数点以下はすべて切り上げ。切り上げ方式だと，子どもたちが得した気分で喜んでくれるそうです。

この表を210ペのように〈ラクラク採点用紙〉に書いておき，丸つけしながら「1, 2, 3……」と正解の数を数えていくと，すぐに点数が分かるのです（〈ラクラク採点用紙〉だと正解を暗記する必要がないので，丸つけしながら正答数を数えられます）。

この方法は，配点が一律のテストに抵抗がない方や，1個あたりの正解点数が小数点になることに抵抗がない方にはオススメです。

正答数	得点
0	0
1	4
2	7
3	10
4	13
5	16
6	19
⋮	⋮
31	97
32	100

あとがき

　ここまで読んでくださってありがとうございました。当時，夢中になって書き留めた，高校生との〈たのしい教師生活〉。読んでいただいた方に，ちょっとでも「なんだか私にもたのしく教師やれそう！」「高野ができるなら，オレにもできそうだ！」なーんて感じてもらえたら…と思ったのですが，いかがだったでしょうか。

　今，教師5年目を迎えたボク。他の先生より理科の知識も足りないし，年齢の割に経験年数も少ないけれど，高校生たちは「授業たのしかったよ！」「先生，教師向いてるよ！」なんて言ってくれます。民間企業の時と比べて，給料は下がり，休日は部活もあるけど，それでもボクは今，「教師になってよかった」と思います。仕事選びの基準は人それぞれだけど，「たのしく仕事ができること」「目の前のお客さん（高校生たち）が喜んでくれること」。これがボクにとって決定的に大事なことだったようです。

＊

　話は変わって，ボクが教師3年目，高校2年生の担任として三者面談をしていた時のことです。ボクのクラスでは3人の生徒が「学校の先生」を進路の希望に書いていて，生徒が自分と同じ「教師」という職業を目指すことを，ボクはなんだかうれしく感じていました。当時，職員室でボクの隣に座っていた先輩教師は，「担任（＝つまりボク）を見て，〈オレも目指せるな〉なーんて，ハードルの低さを感じたんじゃないの？ ウチのクラスな

んて,〈教師なんて絶対やだね!〉なんて言ってるよ(笑)。こりゃ担任の影響だね」と冗談を言ってました(笑)。

　一方,現実問題として,多くの同僚や保護者は大学入試や採用試験のことを気にしていました。もちろん,教師になるには大学に入学して教員免許状を取得し,それからさらに各自治体の教員採用試験に合格して……と,いくつものハードルがあるのは事実です。そんなことを考えると,「どうせ無理…」という言葉が口から出そうになる気持ちも分からなくはありません。

　でもこういう場合,ボクは「どうせ無理…」なんて言い方をして夢をつぶしてしまうより,〈教師って面白そうだな〉と感じてもらえそうな機会を作って応援したいと思っていました。いや,教師という職業にかぎらず,〈仕事するってたのしそうだな〉〈大人になるのもわるくないものだな〉というカンジを,子どもたちには伝えていきたい。そのために,子どもたちの一番身近で働いているボクたち教師にできることは,「生徒と接する時間が一番長い〈授業〉をたのしくすること(＝たのしく仕事をしている姿を見せること)なんじゃないか」なんてことを考えたのでした。

　あれから2年経ちました。こうして出来上がったこの本が,あのときの生徒たち,そしてこの本を手に取ってくれたみなさんを少しでも元気づけ,励ますものになっていたら,ボクは嬉しく思います。

*

　また,この本を読まれた方の中には,「小原先生の理科教育法

の講義を受けてみたいなぁ」と思った方もいるかもしれません。「もう一度大学に入学して…」となるとかなり大変ですが(汗)、大学に通わなくても、全国各地で開催されているサークルや入門・体験講座などで、仮説実験授業やたのしい授業の実践に触れることができます。

　…と書いてみたけれど、最初は気軽に本を読んで雰囲気を感じ取ってもらうとよいかもしれません。

　ボクが明星大学で理科教育法のスクーリングを受けた後、夢中になって読んだのは、本文でも紹介させてもらった小原茂巳さんの『授業をたのしむ子どもたち』『たのしい教師入門』、山路敏英さんの『これがフツーの授業かな』です(すべて仮説社刊)。手に取っていただければ、当時ボクが感じた「こんな教師生活うらやましい!」「自分もこんな授業してみたい!」という気持ちに、きっと共感していただけるのではないかと思っています。

　その後、仮説実験授業そのものに興味を持ったボクは、この教育理論の提唱者である板倉聖宣さんの著書『未来の科学教育』『仮説実験授業のABC』『たのしい授業の思想』『仮説実験授業の考え方』等々を読んでいきました。あわせて、現場の先生方の実践が数多く紹介されている雑誌『たのしい授業』も定期購読するようになりました(これも仮説社)。その後も、仮説社から出版されている多くの本に助けてもらいながら教師生活を送っています。なんだか「出版社のセールス」みたいな文章になってしまいましたが、事実なのですから仕方がありません(笑)。「子ども中心主義」を貫いている仮説実験授業の考え方は、ボクの肌にあっていたようです。

ところで，あらためてこの本を見返してみると，他の本に比べてやけに注釈が多い本となりました。「多すぎると読みづらいだろうな」と思いながらも，それでも省くことは極力避けました。それこそが，「ボク自身のオリジナルの実践はほとんどない」という何よりの証拠なのです。読みづらく感じてしまったのなら申し訳ないのですが，その分「マネしようという気になったらすぐマネできるように」という気持ちを込めたつもりです。

　それでも，本文を読んでいて，読みづらい部分があったり，「この実践はどうすればいいのかな？」という部分があったかもしれません。説明がわかりづらい部分がありましたら，どうぞお気軽にご連絡ください（連絡先は奥付の前ページに記載）。「すでに知り合っているアナタ」とも，「まだ知り合っていないアナタ」とも，交流できるのをボクは楽しみにしています。

＊

　最後に，この本が出版されるにあたって，まずは日々ボクに元気をくれる高校生たちにお礼が言いたいと思います。この本が出版されるキッカケになったのも，本文に登場する女子高生・三上文音さんが「先生が書いた文章，とてもイイ‼　読んでて楽しい！　出版できそう」とホメてくれたからです。この言葉に調子に乗ってまとめた私家版が，この本のもとになっています。

　また，仮説実験授業の提唱者であり，授業書作成者である故・板倉聖宣先生。仮説実験授業に出会わせてくれ，授業実践を含め，あまりにも多くのことを学ばせていただいた明星大学の小原茂巳さん，山路敏英さん。まだ学生だったボクをアタタかく迎え入れてくれた「昭島・たのしい教師入門サークル」（東京）や，

駆け出し教師の発表資料を笑顔で聞いてくれた「岩見沢仮説サークル」（北海道）のみなさん。この本の編集を担当してくださった仮説社の伊丹 淳さん。本書の出版を快く許可していただき，応援してくださった石狩翔陽高校の藤井校長先生。「教師は自らがたのしんでナンボ」と日々背中を押してくれる現・勤務校の金田校長先生ならびに出版の申請手続き全般をしてくださった能登教頭先生。それら多くの方々にお礼を言いたいと思います。ありがとうございました。

本文に登場する授業書の紹介

　本文に登場する授業書の解説と構成です。解説は，それぞれの授業書の冒頭に書かれている「ねらい」または『仮説実験授業の ABC 第5版』（板倉聖宣，仮説社）の「第5話　どんな授業書があるか」の紹介文をまとめたものです。また，最新の版および価格の情報は 2018 年 6 月末現在のものです。授業書は一般の書店では手に入らないため，入手希望の方は仮説社へお問い合わせください。仮説社 HP でも販売しています。　〔編集部〕

①《もしも原子が見えたなら》 2000 年 10 月 小改訂版／税別 750 円

　空気の原子・分子論的イメージを形成するというねらいをもった授業書。この授業書には「質問」が 3 つあるだけで，あとは色をぬったり，原子・分子の絵を描いたり，模型を作ったりしながらお話を読みすすめるという，仮説実験授業の授業書としては異色の構成をもっています。科学の最も基礎となる考え方を教える授業書のため，小学校低学年から社会人まで，幅広い実践記録があります。

②《速さと時間と距離》 1971 年初版／税別 600 円

　〈速さと時間と距離〉の関係は，ふつうには「わかりきった数学の問題」として，「速さ＝距離÷時間」という定義式が導入されたら，あとは計算練習するだけです。しかし，この授業書では「距離＝速さ×時間」を一つの仮説として導入し，実験的にそれを確かめつつ身につけさせることをねらいとしています。小学校高学年から中学・高校の授業に使えます。
〔構成〕① 速さのはかり方／② 平均の速さと時間と距離

③《力と運動》 改訂第 4 版／税別 1300 円

　中学・高校程度の動力学の授業書で，そのねらいは「物理学あるいは科学全体の学問のモデルとなり基礎ともなった動力学の基本的な概念をたしかなものとし，静力学の構造をうきぼりにすることにある」とされています。
〔構成〕① 力と加速度／② 慣性の法則と相対性原理／③ 重さ（質量）と力と運動／④ 空気中での運動と真空中での運動

④《自由電子が見えたなら》 2007 年第 5 版／税別 1300 円

　〈すべての金属には自由電子がいっぱいある〉ことを教え，〈なぜ金属は電気をよく通すのか〉ということだけでなく，〈金属はなぜ熱をよく伝えるのか〉〈金

属はなぜ変形自由なのか〉といったことまで教える授業書。小学校高学年から実施できます。
〔構成〕① 電気を通すもの，通さないもの／② 自由電子が見えたなら／③ 自由電子と熱と電気

⑤《ドライアイスであそぼう》

ドライアイスを使って，目に見えない気体，空気とはちがう気体のイメージを生き生きと思い描くことをねらいとした授業書。サイダーやシャーベット作りなどのおたのしみ要素もあります。『ものづくりハンドブック3』(「たのしい授業」編集委員会編，仮説社)と『特別支援教育はたのしい授業で』(山本俊樹・藤沢千之著，仮説社)に収録されています(冊子状の授業書はありません)。

⑥《光と虫めがね》 1995年小改訂／税別1100円

この授業書のねらいは，「明るいところにあるものは，(太陽や電球やローソクと同じように)光をだしているのだ」ということに気づかせ，「虫めがねや凹面鏡の不思議な性質に親しませること」にあります。また，「虫めがねによって太陽光線を集める実験」と「カメラによって景色を集める実験」とを一連の実験によって統一的につかめるようにしていることも特色です。小学3，4年生から，大人でも楽しめます。
〔構成〕① 虫めがねで光を集める／② 望遠鏡と顕微鏡／③ 凹面鏡のはたらき／④ 光のいたずら

⑦《虹と光》 2003年改訂版／税別1500円

この授業書は，第1部で，ニュートンの分光学以前の人工的に虹をつくる実験を取り上げ，第2部ではホログラム加工製品による分光実験に進み，身近な虹の色の問題を理解することを狙いとしています。小学校高学年から実施できます。
〔構成〕① 虹の正体／② 白色光と虹の光

⑧《電子レンジと電磁波》 2009年改訂版／税別1500円

電子レンジに使われているマイクロ波の実験をもとに，直感的なイメージに基づく予想と実験から，電磁波と物質の性質を明らかにしていく授業書。《もし原》と《自由電子が見えたなら》の内容を前提にしているので，小学校高学年以上が対象です。
〔構成〕① 電子レンジとマイクロ波／② マイクロ波と自由電子／③ 光線とマ

イクロ波——いろいろな電磁波

⑨《溶解》 1991年改訂版／税別1100円

　小学校中学年から高校まで広く使われ，「たのしい授業をすることができる」と定評のある授業書。水に溶けた食塩や砂糖も「目に見えないほど小さな粒となって存在する」という〈原子分子論的な考え方〉や，どんなものが・何に溶けたり溶けなかったりするかは簡単には分からないため（物質の多様性），手当たり次第，錬金術的に調べることの重要性を教えるように構成されています。
〔構成〕① ものが水に溶けるとはどういうことか／② 溶けたもののゆくえ／③ 水以外の液体に溶けるもの，溶けないもの

⑩《ばねと力》 1985年小改訂版／税別1100円

　《ふりこと振動》と並んで仮説実験授業の最も初期に作成された授業書の一つ。小学校5年生以上から大人まで，幅広く利用されています。白熱した討論が行われるため，多くの子どもと教師の印象に残る授業書です。ただ，高度に抽象的な概念を扱うため，はじめて仮説実験授業をやる人にはむずかしいかもしれません。が，この授業書ができれば，本格的な力の概念と静力学の論理を理解したことになるでしょう。
〔構成〕① 地球の引力とばね／② ふつうのものとばね／③ ばねやものに加わる力／④ 3つ以上の力のつりあい／⑤ 力の平行四辺形

⑪《粒子と結晶》 2010年6月初版／税別900円

　《もしも原子がみえたなら》の「固体編」に位置づけられる授業書。第1部では，BB弾を使ったモデル実験から結晶の概念を導入し，それを劈開の実験で確かめ，第2部は小さな結晶の観察と結晶模型づくりをとおして，「固体＝結晶」を一般化します。第3部は，結晶づくりを楽しみながら，結晶分別方から人口結晶の話と話題を広げていきます。小学校4年生ぐらいから大人まで。
〔構成〕① ものをつくっている粒子と結晶／② 結晶とその形／③ 結晶のできかた

⑫《宇宙への道》 2001年改訂新版／税別1000円

　「地球と太陽系の模型（大きさと距離をそのまま縮尺したモデル）作りの作業をとおして宇宙の広大さをイメージし，限りない大宇宙に思いをはせる」という，夢の多い授業書です。小学校4年生くらいから授業できます。
〔構成〕⓪ はじめに／① 地球／② 月と太陽／③ 太陽系と宇宙

──────── **著者紹介** ────────

高野　圭（たかの けい）

〔連絡先〕key_la_belle_equipe@yahoo.co.jp

1984 年　　　千葉県に生まれる。
2007 年 3 月　芝浦工業大学工学部機械工学科卒業。
2007 年 4 月　TOA 株式会社に入社。
2012 年 4 月　明星大学 通信教育部 教育学部に入学（2012 年度より明星大学の通信教育課程で理科の免許が取れるようになり，一期生として入学）。
2012 年 5 月　TOA 株式会社を退社。
2012 年 9 月　東京都昭島市の中学校で学校支援員のアルバイトを始める。この時期，小原茂巳先生の授業見学も始める。
2014 年 3 月　中学・高校の教員免許状（理科）を取得。
2014 年 4 月　北海道の高校教員になる。

仮説実験授業研究会会員。色彩検定 2 級。
日本キャリア開発協会（JCDA）会員。

たのしく教師デビュー
通信教育で教員免許を取得し営業マンから高校教師になったボクの話

2018年8月6日　初版発行（1500部）

著者　高野　圭　©Takano Kei 2018
発行　株式会社 仮説社
　　　〒170-0002　東京都豊島区巣鴨1-14-5　第一松岡ビル3F
　　　Tel 03-6902-2121　Fax 03-6902-2125
　　　E-mail：mail@kasetu.co.jp　URL = http://www.kasetu.co.jp/
印刷　株式会社エーヴィスシステムズ　Printed in Japan
用紙　鵬紙業（本文：クリーム金毬四六 Y62／カバー：モンテルキア菊 Y77.5
　　　／表紙：片面クロームカラー N 菊 Y125／見返し：タント G69 四六 Y100）
装丁装画　いぐちちほ

　　　＊定価はカバーに表示してあります。落丁・乱丁はお取り替えします。

ISBN978-4-7735-0287-9

仮説実験授業のABC〔第5版〕　楽しい授業への招待
板倉聖宣 著　Ａ５判176ペ　税別1800円
仮説実験授業の基本的な発想と理論，授業運営法，評価論，そして授業書の内容紹介，授業書の入手法まで親切にガイド。

未来の科学教育〔新版〕
板倉聖宣 著　Ｂ６判234ペ　税別1600円
仮説実験授業の基本的な考え方や可能性について知るための最良の入門書。授業書《ものとその重さ》の仮想の授業記録も収録。

仮説実験授業の研究論と組織論
板倉聖宣 著　Ａ５判上製398ペ　税別2600円
仮説実験授業の研究の基礎となる研究論と，それを普及させるための組織の在り方（＝組織論）を論じた貴重な論文を収録。

たのしい授業の思想
板倉聖宣 著　Ｂ６判346ペ　税別2000円
授業書とは？　教科書とは？　そして，いまなぜたのしい授業か，など，たのしい授業のエッセンスを知ることのできる論文集。

よくある学級のトラブル解決法
小原茂巳・山路敏英ほか 著　Ｂ６判160ペ　税別1300円
「いじめ／不登校」「仲間外れ」「保護者からの苦情」「崩壊学級」の４つの事例から，トラブル解決の具体的手順と一般的な考え方を示す。

たのしい教師入門　僕と子どもたちのスバラシサ発見
小原茂巳 著　Ｂ６判236ペ　税別1800円
「たのしい授業」のための考え方や，家庭訪問や保護者会を通して保護者ともイイ関係になれるお話など，具体的なノウハウ満載。

授業を楽しむ子どもたち　生活指導なんて困っちゃうな
小原茂巳 著　Ｂ６判222ペ　税別2000円
子どもたちと楽しく付き合うためのアイデア満載！　授業通信の試みや，子どもの反乱と生活指導にまつわるお話など，すぐに役立つ一冊。

仮説社